書不盡言
言不盡意
有覺聖智
完成人格

辛卯冬 二〇二三年
九四頑童
南懷瑾

中国文化泛言

南怀瑾 著述

复旦大学出版社

南怀瑾先生（1918—2012），海内外享有盛誉的著名学者。出生于浙江温州书香世家，自小接受私塾传统教育，少年时期就已读遍诸子百家的各种经典。他精研儒、释、道，将中华文化各种思想融会贯通。1969年创立东西精华协会，旨在促进东、西文化精粹之交流。1980年在台湾创办老古文化事业有限公司。

南怀瑾先生在台讲学三十六年，旅美三年，居港十数年，2004年落脚上海。2006年，他定居于江苏太湖之滨的太湖大学堂，终其晚年在这里讲学、授课，培养下一代文化种子。

南怀瑾先生毕生讲学无数，著作丰富，著有《论语别裁》《孟子旁通》《原本大学微言》《老子他说》等近六十部作品，并曾译成多国语言。他用"经史合参"的方法，讲解儒释道三教名典，旁征博引，拈提古今，蕴意深邃，生动幽默，在普及中国传统文化方面取得了引人注目的成就，深受海内外各层次读者的喜爱，半世纪以来影响无数中外人士；而南怀瑾先生融会东西精华、重整文化断层的心愿，亦将永续传承下去。

出版说明

本书初名"序集",由台湾老古文化事业公司于一九八六年十二月出版,一九九二年一月第二版时改为今名。它汇集了著名学者南怀瑾先生历年来为自己的著作、他人的作品、整理出版的古籍所撰的序跋,以及其他文翰,总计七十二篇。分为儒家、易经、道家、经义、禅宗、密宗、健身、历史、其他九大类,对中国文化的方方面面做了精深的阐述。内容叙及:古代文献,诸家学术,社会变迁,文史掌故,经世治学,为人之道,孔孟精髓,道藏珍蕴,易学源流,佛经大义,禅宗语录,密教修行,兵法谋略,阴阳术数,瑜伽气功,保健养生,诗词歌赋,古文今译,以及作者的行履交往,等等。文辞典雅,见识独特。

南怀瑾先生的著作多为学生根据他讲学时的口述整理而成,而本书则基本上出自他的手笔。

兹经版权方台湾老古文化事业公司授权,将老古公司二〇一〇年五月版校订出版,以供研究。

复旦大学出版社
二〇一八年六月

前　言

本书原名"序集"，收集了南怀瑾先生多年来为各书所写的序。现于再版之际，为更切合实际，爰斟酌其内容，更名为《中国文化泛言》，并予分门别类，重新编排，俾读者检阅方便，对同一问题，不必翻竟全书，即可获得更为广泛、深入之概念；同时另增加《中国医药学术与道家之关系》等篇，以充实其内容，增加其篇幅，较之原书有足者。

本书内容触涉庞多，如能细心读之，无论于儒、释、道各家学说，乃至中西文化、社会发展、历史经验等，咸能摄要勾玄、举其纲领、撷其法要，学者读此一书，于诸家学说，非独可窥全貌，且有登泰山而小天下之感，所谓纲举目张，条贯井然旷然在目矣。

老古文化事业公司编辑室
一九九一年九月

目 录

出版说明　　1
前　言　　1

儒家之部　　1

《孔学新语》自序　　2
《孔学新语》发凡　　3
《论语别裁》前言　　8
《论语别裁》再版记言　　10
《孟子旁通》前言　　11
印行《二顾全书》前记　　15

易经之部　　17

《周易今注今译》叙言　　18
《周易今注今译》再校后记　　32
《易经数理科学新解》序言　　33
《周易尚氏学》前言　　35

《读易剳记》序　　36

　　阎著《易经的图与卦》序　　37

　　《太乙数统宗大全》序　　39

　　朱文光著《易经象数的理论与应用》代序　　41

　　附录　邵康节的历史哲学　　47

　　　　　　中国文化星象历法的时间观念　　48

　　　　　　邵子对"时""空"思想的开拓　　49

　　《未来预知术》出书记　　52

道家之部　　55

　　推介中国传统文化主流之一《道藏》缘启　　56

　　《略论中国医药学术与道家之关系》序　　60

　　《历史的经验》（一）前言　　64

　　《历史的经验》（二）前记　　66

　　《正统谋略学汇编初辑》前言　　68

　　毛宗岗批《三国演义》前介　　69

经义之部　　71

　　《楞严大义今释》叙言　　72

　　附一：楞严法要串珠　　80

　　附二：五阴解脱次第法要　　82

　　《楞严大义今释》后记　　85

《楞伽大义今释》自叙　89

《〈金刚经〉三十二品偈颂》自话　96

为《金刚》《楞伽》《楞严》三经重印首语　100

《华严经教与哲学研究》序　102

《佛学原理通释》序　104

为向子平印《敦煌大藏经》言　106

禅宗之部　107

《禅海蠡测》初版自序　108

《禅海蠡测》再版自序　109

附：《禅海蠡测》剩语　110

《禅宗丛林制度与中国社会问题》引言　114

景印《雍正御选语录》暨《心灯录》序　119

重印足本《憨山大师年谱疏证》前言　125

《禅与道概论》前言　129

附：宋明理学与禅宗　130

《禅话》序　148

《庞居士语录》与庞公的禅（代序）　150

荷兰文《初译禅宗马祖语录》记言译作的经过　162

序焦金堂先生《一日一禅诗》　170

《大乘学舍常课》初序　173

为周勋男叙《印普庵禅师咒及记传》　174

密宗之部　177
　　《密宗六成就法》前叙　178
　　《大圆满禅定休息清净车解》前叙　182
　　密宗《恒河大手印》《椎击三要诀》合刊序　185
　　影印《大乘要道密集》跋　187
　　西藏密宗艺术新论　190

健身之部　197
　　《静坐修道与长生不老》前言　198
　　《易筋经》叙　200
　　葛武棨先生著《气功之理论方法与效力》序　202
　　谢译《印度瑜伽健身术》序　203
　　《印度军荼利瑜伽术》前言　205
　　《少林寺与少林拳棒阐宗》前介辞　208

历史之部　211
　　《武圣关壮缪遗迹图志》序　212
　　陈光棣教授与《泛论中美外交关系》一书　216
　　陈著《孙子兵法白话解》序　219
　　黄著《中国近代思想变迁史》前言　220

其他　223
　《人文世界》杂志创刊词　224
　东西精华协会宗旨简介　226
　与哈门教授谈全球性前提计划　242
　《南氏族姓考存》前叙　246
　附：乐清县南宅殿后石照屏乩笔题狮子踏球图　248
　《复翁吟草选集》前记　249
　重印《复翁诗集》赘言　251
　《日本感事篇》序　255
　致答日本朋友的一封公开信　256
　跋萧著《世界伟人成功秘诀之分析》　267
　景印《地理天机会元》序　269

南怀瑾先生著述目录　272

儒家之部

《孔学新语》自序

髫年入学，初课四书；壮岁穷经，终惭三学。虽游心于佛道，探性命之真如；犹输志于宏儒，乐治平之实际。况干戈扰攘，河山之面目全非；世变频仍，文教之精神隳裂。默言循晦，灭迹何难。众苦煎熬，离群非计。故当夜阑昼午，每与二三子温故而知新。疑古证今，时感二十篇入奴而出主。讲述积久，笔记盈篇。朋辈咐嘱灾梨，自愧见囿窥管。好在宫墙外望，明堂揖让两庑；径道异行，云蓁留连一乘。六篇先讲，相期欲尽全文；半部可安，会意何妨片羽。砖陈玉见，同扬洙泗之传薪；讽颂雅言，一任尼山之挂杖。是为序。

（一九六二年孔圣诞辰，台北）

《孔学新语》发凡

我们作为现代的一个人,既有很沉痛的悲惨遭遇,也有难逢难遇的幸运;使我们生当历史文化空前巨变的潮流中,身当其冲的要负起开继的责任。但是目前所遭遇的种种危难,除了个人身受其苦以外,并不足可怕。眼见我们历史传统的文化思想快要灭绝了,那才是值得震惊和悲哀的事!自从五四运动的先后时期,先我们一辈而老去了的青年们,为了寻求救国之路,不惜削足适履,大喊其打倒孔家店。虽然人之将死,其言也善,有些人到了晚年,转而讲述儒家的思想,重新提倡孔孟之学,用求内心的悔意,可是已形成了的风气,大有排山倒海之势,根本已无能为力了!

其实,孔家店在四十年前的那个时代,是否应该打倒,平心而论,实在很有问题,也不能尽将责任推向那些大打出手的人物。原因是孔家店开得太久了,经过二千多年的陈腐滥败,许多好东西,都被前古那些店员们弄得霉滥不堪,还要硬说它是好东西,叫大家买来吃,这也是很不合理的事。可是在我们的文化里,原有悠久历史性的老牌宝号,要把它洗刷革新一番,本是应该的事,若随便把它打倒,那就万不可以。这是什么原因呢?我有一个简单的譬喻:我们那个老牌宝号的孔家店,他向来是出售米麦五谷等的粮食店,除非你成了仙佛,否则如果我们不吃五谷米粮,就要没命了!固然面包牛排也一样可以吃饱,但是它到底太稀松,不能长日充饥,而且我们也买不起,甚至不客气地说:还吃得不太习惯,常常会患消化不良的毛病。至于说时令不对,新谷已经登场,我们要把本店里的陈霉滥货倒掉，添买新米，那是绝对可以的事。

因此，就可了解孔家店被人打倒是不无原因的。

第一，所讲的义理不对；第二，内容的讲法不合科学。我们举几个例子来说：（1）"三年无改于父之道，可谓孝矣。"几千年来，都把它解释做父母死了，三年以后，还没有改变了父母的旧道路，这样才叫做孝子。那么，问题就来了，如果男盗女娼，他的子女岂不也要实行其旧业三年吗？（2）"无友不如己者。"又解释做交朋友都要交比自己好的，不要交不如自己的人。如果大家都如此，岂不是势利待人吗？其实，几千年来，大家都把这些话解错了，把孔子冤枉得太苦了！所以我现在就不怕挨骂，替他讲个明白，为孔子申冤。这些毛病出在哪里呢？古人和今人一样，都是把《论语》当做一节一节的格言句读，没有看出它是实实在在首尾连贯的关系，而且每篇都不可以分割，每节都不可以支解。他们的错误，都错在断章取义，使整个义理支离破碎了。本来二十篇《论语》，都已经孔门弟子的悉心编排，都是首尾一贯，条理井然，是一篇完整的文章。因此，大家所讲的第二个问题，认为它没有体系，不合科学分类的编排，也是很大的误解。

为什么古人会忽略这一点，一直就误解内容，错了两千多年呢？这也有个原因：因为自汉代独尊儒学以后，士大夫们"学成文武艺，货与帝王家"的思想，唯一批发厂家，只有孔家一门，人云亦云，谁也不敢独具异见，否则，不但纱帽儿戴不上，甚至，被士大夫所指责，被社会所唾弃，乃至把戴纱帽的家伙也会玩掉，所以谁都不敢推翻旧说，为孔子申冤啊！再加以到了明代以后，科举考试，必以"四书"的章句为题，而"四书"的义解，又必宗朱熹的为是。于是先贤有错，大家就将错就错，一直就错到现在，真是冤上加错！

现在，我们的看法，不但是二十篇《论语》，每篇都条理井然，脉络一贯。而且二十篇的编排，都是首尾呼应，等于一篇天衣无缝的好文章。如果要确切了解我们历史传统文化的思想精神,必须先要了解儒家孔孟之学,和研究孔子学术思想的体系,然后才能触类旁通,自然会把它融和起来了。至于内容方面,历来的讲解,错误之处,屡见不鲜,也须一一加以明辨清楚,使大家能认识孔子之所以被尊为圣人,的确是有其伟大的道理。如果认为我是大胆得狂妄,居然敢推翻几千年来的旧说,那我也只好引用孟子说的:"予岂好辩哉!予不得已也!"何况我的发现,也正因为有历代先贤的启发,加以力学、思辨和体验,才敢如此作为,开创新说。其次,更要郑重声明,我不敢如宋明理学家们的无聊,明明是因佛道两家的启发,才对儒学有所发挥,却为了士大夫社会的地位,反而大骂佛老。我呢?假如这些见解确是对的,事实上,也只是因为我在多年学佛,才悟出其中的道理。为了深感世变的可怕,再不重整孔家店,大家精神上遭遇的危难,恐怕还会有更大的悲哀!所以我才讲述二十年前的一得之见,贡献于诸位后起之秀。希望大家能秉宋代大儒张横渠先生的目标:"为天地立心,为生民立命,为往圣继绝学,为万世开太平。"为今后我们的文化和历史,承担起更重大的责任。我既不想入孔庙吃冷猪头,更不敢自己杜塞学问的根源。

其次,我们要了解传统文化,首先必须要了解儒家的学术思想。要讲儒家的思想,首先便要研究孔孟的学术。要讲孔子的思想学术,必须先要了解《论语》。《论语》是记载孔子的生平讲学和弟子们言行的一部书。它虽然像语录一样用简单的文字,记载那些教条式的名言懿行,但都是经过门弟子们的悉心编排,自有它的体系条贯的。自唐以后,经过名儒们的圈点,沿袭成风,大家便认为《论语》的章节,就是这种枝枝节节的形式,随便排列,谁也不敢跳出这传统的范围,重新加以注释,所以就墨守成规,弄得问题丛生了!这种原因,虽然是学者因袭成见,困于师承之所致。但是,最大的责任,还是由于汉、宋诸儒的思想垄断,以致贻误至今!

我们传统的历史文化，自秦汉统一以后，儒家的学术思想，已经独尊天下，生当汉代的大儒们，正当经过战国与秦汉的大变乱之后，文化学术，支离破碎，亟须重加整理。于是汉儒们便极力注重考据、训诂、疏释等的工作，这种学术的风气，就成为汉代儒家学者特有朴实的风格，这就是有名的"汉学"。现在外国人把研究中国文化的学问也统名叫做"汉学"，这是大有问题的，我们自己要把这个名词所代表的不同意义分清楚。唐代儒者的学风，大体还是因袭汉学，对于章句、训诂、名物等类，更加详证，但对义理并无特别的创见。到了宋代以后，便有理学家的儒者兴起，自谓直承孔孟以后的心传，大讲其心性微妙的义理，这就是宋儒的理学。与汉儒们只讲训诂、疏释的学问，又别有一番面目。从此儒学从汉学的范畴脱颖而出，一直误认讲义理之学便是儒家的主旨，相沿传习，直到明代的儒者，仍然守此藩篱而不变。到了明末清初时代，有几位儒家学者，对于平时静坐而谈心性的理学，深恶痛绝，认为这是坐致亡国的原因，因此便提倡恢复朴学的路线，但求平实治学而不重玄谈，仍然注重考据和训诂的学问，以整治汉学为标榜，这就是清儒的朴学。由此可知儒家的孔孟学术，虽然经汉、唐、宋、明、清的几个时代的变动，治学方法和路线虽有不同，但是尊崇孔孟，不敢离经叛道而加以新说，这是一仍不变的态度。虽然不是完全把他构成为一宗教，但把孔子温良恭俭让的生平，塑成为一个威严不可侵犯的圣人偶像，致使后生小子，望之却步，实在大有瞒人眼目之嫌，罪过不浅！所以现代人愤愤然奋起要打倒孔家店，使开创二千多年老店的祖宗，也受牵连之过，岂不太冤枉了吗？

现在我们既要重新估价，再来研究《论语》，首先必须了解几个前提。（一）《论语》是孔门弟子们所编记，先贤们几经考据，认为它大多是出于曾子或有子门人的编纂，这个观念比较信实而可靠。（二）但是当孔门弟子编辑此书的时候，对于它的编辑体系，已经经过详密的研究，所以它的条理次序，都是井然不乱的。（三）所以此书不但仅为孔子和孔门弟子们当时的言行录，同时也便是孔子一生开万世宗师的史料，为汉代史家们编录孔子历史资料的渊源。由此可知研究《论语》，也等于直接研究孔子的生平。至于效法先圣，自立立人以至于治平之道，那是当然的本分事。（四）可是古代书册是刻记于竹简上的，所以文字极需简练，后来发明了纸张笔墨，也是以卷幅抄写卷起，但因古代的字体屡经变更，所以一抄再抄，讹误之处，不免有所脱节，因此少数地方，或加重复，或有脱误，或自增删，都是难免的事实。（五）古代相传的《论语》有三种，即《鲁论》二十篇，和《齐论》二十二篇，又在孝景帝的时期，传说鲁恭王坏孔子故宅的墙壁，又得古文《论语》。但古文《论语》和《齐论》，到了汉魏之间，都已逐渐失传，现在所传诵的《论语》，就是《鲁论》二十篇了。（六）至于《论语》的训诂注疏，历汉、唐、宋、明、清诸代，已经有详实的考据，我们不必在此另作画蛇添足的工作。至若极言性命心性的微言，自北宋五大儒的兴起，也已经有一套完整的努力，我们也不必另创新说，再添枝叶。

最后举出我们现在所要讲的，便是要入乎其内，出乎其外的体验，摆脱二千余年的章句训诂的范围，重新来确定它章句训诂的内义。主要的是将经史合参，以《论语》与《春秋》的史迹相融会，看到春秋战国时期政治社会的紊乱面目，以见孔子确立开创教化的历史文化思想的精神；再来比照现代世界上的国际间文化潮流，对于自己民族、国家和历史，确定今后应该要走的路线和方向。因此若能使一般陷于现代社会心理病态的人们，在我们讲的文字言语以外去体会，能够求得一个解脱的答案，建立一种卓然不拔，矗立于风雨艰危中的人生目的和精神，这便是我所要馨香祷祝的了。

（一九六二年，台北）

《论语别裁》前言

回首十五年的岁月,不算太多,但也不少。可是我对于时间,生性善忘,悠悠忽忽,真不知老之将至,现在为了出版这本《论语》讲录,翻检以前的记录,才发觉在这短短的十五年历程中,已经讲过三四次《论语》。起初,完全是兴之所至,由于个人对读书的见解而发,并没有一点基于卫道的用心,更没有标新立异的用意。讲过以后,看到同学的笔记,不觉洒然一笑,如忆梦中呓语。"言亡虑绝,事过无痕。"想来蛮好玩的。

第一次讲论语,是一九六二年秋天的事,当时的记载,只有开始的六篇,后来出版,初名《孔学新语——论语精义今训》,由杨管北居士题签。又有一次再于有关单位讲了半部《论语》,没有整理记录。再到一九七四年四月开始,一次在信义路鼎庐,固定每周三下午讲两小时,经过近一年时间,才将全部《论语》讲完。而且最可感的是蔡策先生的全部笔录。他不但记录得忠实,同时还替我详细地补充了资料,例如传统家谱的格式,另外还有对传统祭礼的仪范,可惜他事情太忙,未能全部补充。蔡君在这段时间,正担任《中央日报》秘书的职务。一个从事笔政工作的人,精神脑力的劳碌,非局外人可以想象,而他却毫无所求地费了十倍听讲的时间,完成这部记录,其情可感,其心可佩。

此外,这本讲录,曾经承唐树祥社长的厚爱,在《青年战士报》慈湖版全部发表(自一九七五年四月一日开始到一九七六年三月十六日止);同时《人文世界》刊登大部分。又蒙李平山先生见爱,资助排印成书。不过,这部《论语》的讲述,只是因时因地的一些知见,并无学术价值。况且"书不尽言,言不尽意。"更谈不到文化上的分量。今古学术知见,大概都是时代刺激的反映,社会病态的悲鸣。谁能振衰补敝,改变历史时代而使其安和康乐?端赖实际从事工作者的努力。我辈书生知见,游戏文章,实在无补时艰,且当解闷消愁的戏论视之可也。

至于孔子学说与《论语》本书的价值,无论在任何时代、任何地区,对它的原文本意,只要不故加曲解,始终具有不可毁、不可赞的不朽价值。后起之秀,如笃学之、慎思之、明辨之,融会有得而见之于行事之间,必可得到自证。现在正当此书付印,特录宋儒陈同甫先生的精辟见解,以供读者借镜。

如其告宋孝宗之说:"今之儒者,自以为正心诚意之学者,皆风痹不知痛痒之人也。举一世安于君父之仇,而方低头拱手以谈性命,不知何者谓之性命。"而于《论语》,则说:"《论语》一书,无非下学之事也。学者求其上达之说而不得,则取其言之若微妙者玩索之,意生见长,又从而为之辞:曰此精也,彼特其粗耳。此所以终身读之,卒堕于榛莽之中,而犹自谓其有得也。夫道之在天下,无本末,无内外。圣人之言,乌有举其一而遗其一者乎!举其一而遗其一,是圣人犹与道为二也。然则《论语》之书,若之何而读之,曰:用明于心,汲汲于下学,而求其心之所同然者,功深力到,则他日之上达,无非今日之下学也。于是而读《论语》之书,必知通体而好之矣。"

本书定名为"别裁",也正为这次的所有讲解,都自别裁于正宗儒者经学之外,只是个人一得所见,不入学术预流,未足以论下学上达之事也。

(一九七六年三月,台北)

《论语别裁》再版记言

本书自今年端午节出版之后,蒙广大读者的爱好,现在即将再版。这实在是始料所不及的事。

由此可见社会人心的向背,孔子学说的可贵,毕竟是万古常新,永远颠扑不破。因此反而使我深为惭愧,当时并未加以严谨的发挥,未免罪过。当初版问世之时,承蒙朋友们的盛意,纷纷惠示意见,希望继续开讲《孟子》等经书,俾使儒家一系列的学说,以现代化的姿态出现。此情极为可感。无奈青春顽劣,白首疏狂的我,向来只图懒散。况且先孔子而生,非孔子无以圣。后孔子而生,非孔子无以明。我辈纵有所见,亦无非先贤的糟粕而已,真是何足道哉!何足道哉!因此当时便写了一首总答朋友问的诗:"古道微茫致曲全,由来学术诬先贤。陈言岂尽真如理,开卷倘留一笑缘。"际此再版,同学们要我写点意见,便记此以留一笑之缘可也。

(一九七六年冬月,台北)

《孟子旁通》前言

生为二十世纪的中国人,正当东西方文化潮流交互排荡撞击的时代,从个人到家庭,自各阶层的社会到国家,甚至全世界,都在内外不安,身心交瘁的状态中,度过漫长的岁月。因此在进退失据的现实环境中,由触觉而发生感想,由烦恼而退居反省,再自周遍寻思,周遍观察,然后可知在时空对待中所产生的变异,只是现象的不同,而天地还是照旧的天地,人物还是照旧的人物,生存的原则并没有变;所变的,只是生活的方式。比如在行路中而迷途,因为人为的方向而似有迷惑,其实,真际无方,本自不迷。如果逐物迷方,必然会千回百叠,永远在纷纭混乱中忙得团团而转,失落本位而不知其所适从。

我是中国人,当然随着这一时代东方的中国文化命运一样,似乎是真的迷失了方向,也曾一度跟着人们向西方文化去摸索,几乎忘了我是立足在本地方分上的一个生命,而自迷方向。《周易·序卦》说:"穷大者必失其居,故受之以旅。旅而无所容,故受之以巽。巽者,入也。入而后说之,故受之以兑。兑者,说也。"我们自己的文化,因几千年来的穷大而一时失去了本分的立足点,因此而需要乞求外来的文明以自济困溺,所谓:"他山之石,可以攻错。"这是势所难免的事实。然而一旦自知久旅他方而无以自容于天地之间,那便须知机知时而反求诸己,唤醒国魂,洗心革面以求自立自强之道。正因为如此的心情,有些西方的朋友和学生们,都认为我是顽固的推崇东方文化的倔强分子,虽有许多欧美的友人们,屡加邀请旅外讲学而始终懒得离开国门一步。其实，我自认为并无偏见，只是情有所钟，安土重迁而已。同时，我也正在忠告西方的朋友们，应该各自反求诸己，重振西方哲学、宗教的固有精神文化，以济助物质文明的不足，才是正理。

至于我个人的一生，早已算过八字命运——"生于忧患，死于忧患。"每常自己譬解，犹如古老中国文化中的一个白头宫女，闲话古今，徒添许多络索而已。有两首古人的诗，恰好用作自我的写照。第一首唐人张方平的宫词："竟日残莺伴妾啼，开帘只见草萋萋。庭前时有东风入，杨柳千条尽向西。"诗中所写是一只飘残零落的小黄莺，一天到晚陪伴着一个孤单的白头宫女，凄凄凉凉地自在悲啼，毫无目的地怆然独立，恰如我自况的情景。偶尔开帘外望，眼前尽是萋迷芳草，一片茫然，有时忽然吹过一阵东风，却见那些随风飘荡的千条杨柳，也都是任运流转，向西飘去。第二首是唐末洞山良价禅师的诗偈："净洗浓妆为阿谁？子规声里劝人归。百花落尽啼无尽，更向乱峰深处啼。"这首诗也正好犹如我的现状，长年累月抱残守阙，滥竽充数，侈谈中国文化，其实，学无所成，语无伦次，只是心怀故国，俨如泣血的杜鹃一样，"百花落尽啼无尽，更向乱峰深处啼。"如此而已。每念及此，总是眘然自失，洒然自笑不已。

但是人生的旅程，往往有不期然而然的际遇，孟子曾经说过人有"不虞之誉，求全之毁"。一个人的一生，如果在你多方接触社会各层面的经验中，就会容易体会到孟老夫子的话，并非向壁虚构，确是历练过来的至理名言。当在一九七五年，我因应邀讲完一部《论语》之后（事见《论语别裁前言》），由蔡策先生悉心记录，复受社会各阶层的偏爱，怂恿排版出书。但我自知所讲的内容，既非正统的汉、唐、宋儒的学术思想，又非现代新儒家的理路，到底只是因应时代潮流的乱谈，属于旁门左道，不堪入流，因此便定名叫它《论语别裁》，以免混淆视听，惑乱后学。谁知出书以后，却受到广大读者的爱好，接连出了十二版，实在弥增惶恐，生怕误人。因为徒手杀人，罪不过抵死而已，如果以学问误人，便是戕人慧命，万死不足以辞其咎。此所以在我们固有文化的传统中，学者有毕生不愿著书，或者穷一生学力，只肯极其谨严地写几篇足以传世的文章而已。这就是以往中国文化人的精诚，当然不如我们现代一样，著作等身，妄自称尊的作风。

但继此以后，友人唐树祥先生，在他担任《青年战士报》社长的时期，极力邀请在其报社继续再讲《孟子》《大学》《中庸》等所谓四书之学。唐社长平时说话极为风趣，尤其对我更是畅所欲言，不拘形迹。当他担任中正理工学院政战部主任的时期，常来拉我去讲课，而且劝说：在这个时期，大家都忙得没有时间读书，你写书写文章有什么用？多来讲课，教授青年学子，还比较有意义。总之，我在他的盛情不可却的压迫下，只好被他拖上讲台。但当他调任报社社长的时期，他便说：多讲还不如多写的好。希望我多写点东西，好交他在报上披露。他的能言善道，我对他真是莫可奈何。其实，我对讲学则言不异众，写作则语不惊人，可以说一窍不通，毫无长处。但毕竟挡不住他的热情，终于在一九七六年的秋天，开始在《青年战士报》的楼上开讲《孟子》。那个时候，也正是我思念在苦难中的父母，心情最难排遣的时期。讲到孟子，就自然而然地联想到千秋母教仪范的孟母，因此开章明义，便引用了黄仲则的诗："搴帷拜母河梁去，白发愁看泪眼枯。惨惨柴门风雪夜，此时有子不如无。"当然，这种情怀，不只我一人是如此，在当时现场的听众们，大多数也有所同感。同时蔡策也对讲四书的记录工作，极有兴趣和决心，他一再强调，这是他一生中最有意义的一件事。《孟子》讲稿的因缘，就在唐、蔡两位的鼓励下完成。

后来因为俗务累积太多，自己没有真正安静的时间看记录稿，因此，积压多年无法完帙。目前，老古文化图书公司的出书业务，正由陈世志同学来担任。他站在现代青年的立场，又一再催迫出书，我常笑他犹如宗泽的三呼渡河，左季高的大喊儿郎们出击一样，壮气如山，无奈太过冒昧！然而他毕竟强人所难的做了，还要催我写序。事实上，《孟子》的序言，实在不好写，因此只是先行略抒本书问世的始末因由，暂且交卷。书名《旁通》，却又暗合宋代的桂瑛及元代的杜瑛两位先生所撰的佚书命题。但我所以定名《旁通》的本章，仍如《论语别裁》一样，只是自认为旁门左道之说，大有别于正统儒家或儒家道学们的严谨学术著作而已，并非旁通各家学说的涵义。

（一九八四年端阳节，台北）

印行《二顾全书》前记

近世卓识之士，抱经世之志，究文武之略，相聚而论学术之实用，必曰《二顾全书》。然以二顾之巨著，非游心于史实而踪迹于山川形势者，终难引古证今而学以致用也。

溯自司马子长唱言学究天人之际，通古今之变。皆知实修之学非读万卷书，行万里路，博识弘达，无可以语此道。唯明清变革以还，昆山顾亭林、常熟顾祖禹二先生，足以当此而无愧。虽曰不得见于当时反正之事功，而立言彰教，影响炎黄后裔于百世之下，足有余裕。

抗战军兴，余亦蜀山行役，萧条行李，跋涉艰难，唯珍袭二书，终不忍舍。孰意四十余年后，朝夕摩挲之卷帙，翻随陆沉。时迕世变，弥切怀旧鉴新之思。近年坊间虽有出版，或顾此而失彼，终难并得《二顾全书》而再细读之。

顷间门人陈得清电告于海外觅得《二顾全书》完帙，不禁幡然兴起，喜不自胜。因此筹付印行，庶得流传广布，以供仁人志士建国之资，岂非万亿之幸乎！书成，采附《清史稿》二顾先生之传记，虽未尽详实，亦秉述而不作之旨，留待后贤之参证已耳。

且闻之昔日遗老所言，亭林先生挟经世之学，怀复国之志，行脚遍宇内，随处而别成室家以防不测，哲人有后，隐晦不宣，盖为避世而藏也。《清史稿》及诸家所载，大多言其无子，其然乎？岂其然乎！附志于此，不没旧闻，其亦兴灭继绝之师意焉。至若先生所著《天下郡国利病书》之旨，如其诗所谓："十年天地干戈老，四海苍生痛哭深","感慨河山追失计,艰难戎马发深情"之意,不复赘言之矣。

(一九八一年仲夏,台北)

易经之部

《周易今注今译》叙言

《易经》，是中国文化最古老的典籍，历代正统派的学者，用许多不同的文字赞扬它，大致说来，推崇它为"群经之首"，致予无上的敬意。相反的，认为仅是古代的一部卜筮之书，近于巫祝的诬词，卑不足道，只是经过孔子传述《周易》以后，又加上历代许多学者穿凿附会，才有了后世的盲从和崇敬。甚之，近代以来，还有许多类似轻薄的讥刺。

无可否认的，《易经》原是上古卜筮的学术，但到了商、周之际，经过文王的整理和注述，把它由卜筮的范围，进入"天人之际"的学术领域，由此《周易》一书，便成为中国人文文化的基础。自东周以来，再经过孔子的研究和传述，同时又散为诸子百家学术思想的源泉，这是无可否认的事实。

因此，如要研究中国文化，无论是春秋、战国时期的儒、道、墨和诸子百家，乃至唐、宋以后的儒、佛、道等诸家之学，不从《易经》探研，便有数典忘祖之慨了。

《易经》与三易

通常我们提到《易经》，就很自然地知道是指《周易》这本书。因为中国文化，自经孔子删《诗》《书》，订《礼》《乐》以后，冠以《周易》一书，统称"六经"。经是天地的大准则，也是人生的大通道。称《周易》等书为六经，便是说明经过孔子所整理过的这六部书，它是包括中国传统文化"天人之际"所有学问的大原理、大法则。

自秦、汉以后，研究易学的，对于《易经》一书命名的内涵问题，就有"三易"之说的异同出现了。

第一：属于秦、汉以后正统儒家学派的理论，根据《易纬·乾凿度》这本书的观念，认为"易"的内涵，包括三个意义：

（一）易。就是简易、平易的意思。因为天地自然的法则，本来就是那样简朴而平易的。

（二）变易。认为天地自然的万事万物以及人事，随时在交互变化之中，永无休止。但是这种变化的法则，却有其必然的准则可循，并非乱变。

（三）不易。天地自然的万事万物以及人事，虽然随时随地都在错综复杂、互为因果的变化之中，但所变化者是其现象。而能变化的，却本自不易，至为简易。

第二：属于秦、汉以后儒、道两家学者通用的观念，根据《周礼·大卜》篇对于三易的涵义，是指上古以来直到周代初期之间的《易经》学术思想，约分为三个系统：（一）《连山易》；（二）《归藏易》；（三）《周易》。

据说，伏羲时代的易学，是《连山易》。首先以"艮卦"开始，象征"山之出云，连绵不绝"。

黄帝时代的易学，是《归藏易》。首先以"坤卦"开始，象征"万物莫不归藏于其中"。意思是指人类的文化和文明，都以大地为主。万物皆生于地，终又归藏于地。

周代人文文化的开始，便以现在留传的《周易》为宝典，首先从"乾""坤"两卦开始，表示天地之间，以及"天人之际"的学问。

但东汉的大儒郑玄，认为夏代的易学是《连山》。殷代的易学是《归藏》。当然，周代的易学便是《周易》了。

又另有一说：认为上古的神农氏世系名"连山氏"，又名"列山氏"。所谓"连山"，便是"列山"的音别。黄帝的世系又名"归藏氏"。

因此两说，又有异同的问题存在其间，如果认为夏代所宗奉的易学便是《连山易》。殷代所宗奉的易学便是《归藏易》。到了周代，经过文王的整理，才构成为《周易》体系的易学。那么关于这两个分歧的意见，也就没有太大的出入了。

但以考据学者的观点来看《易纬·乾凿度》和《周礼·大卜》篇这两种文献资料，应该都有值得怀疑的地方。历来考据学家们，认为《易纬·乾凿度》等书，纯出汉末或魏、晋人的伪作，假托是上古的传承。这种观念，并非完全无理，也的确值得研究、考虑。

可是两汉以后的学者，硬性舍弃《周礼·大卜》的观念而不采信，偏要采用更有问题的《易纬·乾凿度》之说，认为"简易、变易、不易"为天经地义的易学内涵，这便是后世以儒理说易的根据。那是不顾考据，只取所谓三易原理的内义，用之说明易学的大要而已。

此外，关于"连山、归藏、周易"的三易之说，在汉、魏以后道家的学术思想中，便又发生了两种观念。

（一）认为《连山》《归藏》这两个系统的易学，早已失传。

（二）认为汉、魏以后的象、数易学，便是《连山》《归藏》的遗留，颇为合理。而且《连山》《归藏》易学的精义，确已成为秦、汉以后道家学术思想的主干。如十二辟卦之说，便是以"归藏"的"坤"卦为主。卦气起"中孚"之说，便是以"艮卦"的半象为用。

易名的定义

后世有人从《易经》内容所举例的动物，如龙啊、马啊、象啊、彖啊、鹿啊，等着眼，并且采用《系辞传》所说，我们的老祖宗伏羲开始画卦时有"远取诸物"的说明，认为原始的"易"字，便是取其象形飞鸟的观念。不过，此说并未引起重视。

到了近代，有人认为"易"便是蜥蜴的简化，蜥蜴这种生物，它的本身颜色随时随地变化多端，当它依附在某种物体时，它的颜色，便会变成与某种物体的色相相同。《易经》是说明天地间事物的必然变化之理，所以便取蜥蜴作象征，犹如经书中的龙、象等一样。但总不能叫它是"蜴经"，因此便取名为"易"。主张此说的，以日本的学者中最为强调。这等于在第二次大战前，说"尧"是香炉、"舜"为蜡烛台、"禹"是爬虫，同样的都含有轻薄的恶意诬蔑，不值得有识者的一笑，不足道也。

那么《易经》的"易"字，究竟是什么意义呢？根据道家易学者的传统，经东汉魏伯阳著《参同契》所标出，认为"日月之谓易"的定义，最为合理。"易"字，便是上日下月的象形。《易经》学术思想的内涵，也便是说明这个天地之间，日月系统以内人生与事物变化的大法则。

并且从近世甲骨文的研究的确有象形上日下月的"易"字。因此更足以证明道家传统和魏伯阳之说"日月之谓易"的定义之准确性。目前《易经》的学术思想，在西方欧美各国，逐渐大加流行，我们自己对国家民族祖先文化准确的定名和解释，绝对不能跟着人云亦云，含糊混淆，自损文化道统的尊严。

《易经》的作者

"易更三圣"。这是秦、汉以后的作者，对于上古形成易学传统者公认的定论。也是我们现在开始研究易学者必须先得了解的问题。

秦、汉以后，儒家学者的共同认定，开始画八卦的，是我们的老祖宗伏羲氏。演绎八卦的，当然是周文王。发扬易学精义的，便是孔子。因此说"易更三圣"就是指画卦者伏羲、演卦者文王、传述者孔子。事实上，文王演卦而作"卦辞"，他的儿子周公又祖述文王的思想而发扬扩充之，便著了《爻辞》，为什么三圣之中却不提到周公呢？据汉儒的解说，根据古代宗法的观念，父子相从，因此三圣之中便不另外提到周公了。关于这个问题，如此结案，是否公允而有理，还是很难认定。

开始画卦的，当然是伏羲，这是毫无疑问的事。经过文王演卦、周公祖述、孔子发扬以后，硬要赖掉周公在文化学术上的功劳，恐怕孔子梦对周公时，于心难安。同时，又轻易地溜掉"更三圣"的这个"更"字，也不应该。古文"更"字又有"曾经"的意思，所谓"易更三圣"者，是指易学经过三位圣人学者的整理，才得发扬光大。

由伏羲画八卦开始，到了商、周之际，再经过文王、周公、孔子三圣的研究和著述，才建立了《周易》学术思想的系统。因此可知"易更三圣"一语，严格地说，应该是对《周易》一书而言。如果说对所有的易学系统来说，硬拉下伏羲来凑合三圣，似乎有点牵强。连带这个问题而来的，便是"文王演易"和重复演绎为六十四卦的问题了。

伏羲画卦，这是古今公认的事实。由八卦演绎成六十四卦，却有四种说法：

（一）认为六十四卦也是伏羲所排列的。

（二）有的认为六十四卦也是文王的演绎。

（三）认为由八卦重复排演成六十四卦的，是神农氏。

（四）认为重复演卦的人是夏禹。

主张第一说的，以王弼（辅嗣）等为最有力。主张第二说的是司马迁等。主张第三说的是郑玄等。主张第四说的是孙盛等。

要把这四种说法加以考据确定,实在不容易,而且几乎是绝对不可能的事。至于认定重复卦象的人是周文王,大概是从"文王演易"这个"演"字的观念来推定。其实,这个"演"字,不能硬说就是演绎六十四卦的涵义,只能说是对《周易》一书六十四卦排列的次序和方式,以及《周易》书中对卦爻辞的演义而言。这是无可否认的,都是文王的杰作。至于伏羲画出的卦象,它的原来次序程式究竟是如何排演的?为什么《连山》易的排列以"艮卦"为首,为什么《归藏》易的排列以"坤卦"为首等问题,都是值得研究的。王辅嗣的主张,认为重复排演六十四卦者,仍是伏羲的创作,这是最为有理的。

"十翼"的作者及其他

研究易学,都须知道有汉儒郑玄所提出的"十翼"之说。"翼",当然是羽翼的意思。《周易》一书的内容,有十种论著,都是辅翼易学、发扬而光大之主要著作。这便是:

(一)上经的彖辞。(二)下经的彖辞。(三)上经的象辞。(四)下经的象辞。(五)系辞上传。(六)系辞下传。(七)文言。(八)说卦传。(九)序卦传。(十)杂卦传。

这是郑氏对于《周易》内容所作的分类范围,凡欲研究易学者,应当先加了解。

至于有关"十翼"的作者问题,大致说来,又有三种异同的见解。

一般的认定,"十翼"都出于孔子的手笔。这是传统的观念,完全从尊孔的意识出发。

其次,认为文王作《卦辞》,当然没有问题。但是《象辞》也是周公的著作,并且根据《左传》中"韩宣子适鲁,见易象"说:"吾乃知周公之德"的话，更为有力的佐证。汉末的学者马融、陆绩等，都同意主张此说。

事实上，《象辞》与《彖辞》对卦象的论断，有许多地方，彼此互有出入，实在难以确认同是一人的观点。复次，除了《象辞》《彖辞》以外，关于《系传》以及《序卦》《说卦》等篇，不但它的文辞、思想，处处有先后异同的论调，严格说来，绝对不能认为都是孔子的手笔。其中有许多观念，可能都是孔子以后后人的著作。或者可以说是孔门弟子们的著作，统统归并于夫子的名下，那也是古代著述中常有的事。

易学的传承及其他

在中国文化的领域中，自经孔子删《诗》《书》，订《礼》《乐》之后，由他编著了六经，赞述《周易》以来，关于《周易》易学的传承，在司马迁的《史记》，班固的《汉书》，以及范晔的《后汉书》中，都记载有孔子以下易学传承的系统。

但自唐、宋以后，我们所读的《周易》，关于"十翼"的排列程序，事实上，大多都是根据魏末王弼的排列的。他把"乾"、"坤"两卦的文言，拿来放在本卦下面，同时把《系传》的中间次序，有些地方也照他自己的意思来颠倒安排。等于我们现在读的《大学》一书，那是经过宋儒的安排，并非原本的《大学》的次序。现在对于研究《周易》来讲，这点应当注意及之。

自孔子至战国末期的易学：孔子授商瞿，商授鲁桥庇子庸，子庸授江东轩臂子弓（其人是荀卿之子），子弓授燕周丑子家，子家授东武孙虞子乘，子乘授齐田何子庄。此其一。

又：孔子殁，子夏也讲易学于河西，但受到孔门同学们的驳斥，认为他对于易学的修养不够，所以子夏以后的传承，并无太准确的资料。唯后世留传有《子夏易传》一书，真伪难辨，但确具有古代"易学"思想上的价值。此其二。

西汉的易学：田何授（东武）王同子中、（洛阳）周王孙、（梁）丁宽、（齐）服生。四人皆著《易传》数篇，但后世已散佚。

其次：自（东武）王同子中一系，再传（菑川）杨何，字元敬。元敬传京房，房传梁丘贺，贺传子临，临传王骏。

丁宽一系，又再传田王孙，王孙传施雠，雠传张禹，禹传彭宣。

以上都是著名专长易学学者的传承。至于阴阳、纳甲、卦气等易学，自田何到丁宽之后，又另有一系。

主阴阳、卦气之说的，由王孙传孟喜。喜再传焦赣，字延寿，著有《易林》一书，迥然打破《周易》的蹊径。又另一京房，承传焦延寿的易学，著有《京房易传》一书，开启象数易学的阴阳"纳甲"之门。

东汉与后汉的易学：西汉的易学，到了东汉时期，其间的传承似乎已经散失不备，因此象数之学与易理的分途，也便由此而形成了。后汉的易学，传承的系统更不分明。此时的著名易学大家，便有马融、郑玄、荀爽、刘表、虞翻、陆绩，以及魏末的王弼等人。

其中荀爽的易学，曾经有后人采集当时的九家易学合成一编的论述，故在后世研究易学中，经常有提到"九家易"或"荀九家"的名词，就是对此而言。

郑玄的易学，开始是学京房的象数，后来才舍离京学，专学费直之说，以孔子《易传》来解说易学。

汉末的易学，大概都跟着荀爽、虞翻的脚跟而转，愈来愈加没落，因此才有青年才俊的王弼的起来别走一途，专从老、庄玄学的思想而说"易"了。最为遗憾的，后世的易学，大体上又一直跟着王辅嗣的脚跟在转，不能上穷碧落，下极黄泉，直探羲皇之室。

两派十宗及其他

由秦、汉以后直到现在，大致综合易学发展的系统，我过去曾胪列它为两派六宗。所谓两派：

（一）即是以象数为主的汉易，经唐、宋以后，其间贯通今古的大家，应当以宋代邵康节的易学为其翘楚。又别称为道家易学系统的，这便是道家易学的一派。

（二）宋儒崛起，间接受到王辅嗣等易注的影响，专主以儒理来说易的，这便是儒家易学的一派。

所谓六宗：

（一）占卜。（二）灾祥。（三）谶纬。（四）老庄。（五）儒理。（六）史事。

"占卜"、"灾祥"、"谶纬"等三宗易学，其实都是不脱象数的范围。以"老庄"来说易的，开始于魏、晋之初，由阮籍、王弼等开其先声。继之而起，便有北魏以后的道教，套用东汉魏伯阳著《参同契》的观念，彼此抱注，杂相运用"易"与"老庄"的道理。"儒理"说易，大盛于南北宋时期，如司马光的《潜虚》、周敦颐的《太极图说》、程颐的《易传》，以至于朱熹的《易本义》等，大抵都属于这一范围。史事一系，也由宋儒开始，如杨万里的易学，便偏重于这一观点。

事实上，我以前所提出的六宗之说，还不能尽概两千余年易学关连的内容。如果加上由象数易学的发展，包括术数的杂易等，应该可归纳为十宗，除了以上所说的六宗以外，另有四宗，便是：

（七）医药。

（八）丹道。

（九）堪舆。

（十）星相。

至于明末清初，佛教中的大师，如蕅益和尚所著的《周易禅解》、道盛和尚的《金刚大易衍义》等，都从唐末曹洞宗的爻象思想所开发，虽别有会心之处，但究竟不能列入易学的正宗。但上述四宗所涉及的易学，都以象数为主，比较偏向于固有的科学性质，素来不为寻章摘句、循行数墨的学者所能接受，因此在过去的学术专制时代中，便被打入江湖术士的方伎之流，无法有所增益与发明，颇为可惜。

事实上，《易经》学术思想的根源，如果离开象数，只是偏重儒理，对于中国文化来说，未免是很大的损失。古人所谓"象外无词"，也便是这个意思。如果潜心研究象数的易学，配合科学思想的方法，相信必有更新的发现，很可能会替中国文化的前途，开发更大的光芒。古人虽然也有这种企图，但始终不敢脱离前人的窠臼。例如焦延寿的《易林》、京房的《易传》、北宋邵康节的《皇极经世》，以及假托邵康节所著的《河洛理数》、明代术数家们所著的《太乙数统宗》等易书。虽然对于象数易学，别有心得，完全不采用《周易》的原意，大胆地创设卦爻辞例，但仍困于灾祥休咎的观念，只作人事吉凶的判断，并未扩充到仰观天文，俯察地理，中通万物之情的境界。

清代的儒者，研究易学的风气颇盛，如王船山、惠栋、江永、焦循等，都有专著，唯仍多依违于汉、宋儒易的范围，为清代的经学生色不少，如近人杭辛斋、尚秉和颇得象数的效用，亦自成家。

易学的精神

唐、宋以后的易学研究，应该说又建立了另一"三易"之说。这个新的"三易"观念，也是说明秦、汉以后以至现代的易学内涵之范围。换言之，唐、宋以后所谓易学的内涵，它大要包括有"理、象、数"的三个要点。如果用现代的观念来说：

"理"，便是类似于哲学思想的范围。它是探讨宇宙人生形上、形下的能变、所变，与不变之原理。

"象"，是从现实世界万有现象中，寻求其变化的原则。

"数"，是由现象界中形下的数理，演绎推详它的变化过程，由此而知人事与万物的前因后果。反之，也可由数理的归纳方法，了解形而上的原始之本能。

再来综合这三种内涵的意义，便可知"易理"之学，是属于哲学性的。"象、数"之学，是属于科学性的。总而言之，完整的易学，它必须要由"象、数"科学的基础而到达哲学的最高境界。它并非属于纯粹的思想哲学，只凭心、意识的思维观念，便来类比推断一切事物的。

宇宙万象，变化莫测。人生际遇，动止纷纭。综罗易学"理、象、数"的内涵，无非教人知变与适变而已。知变是"理"智的结晶。适变是"象、数"的明辨。《礼记·经解》中，提到易学的宗旨，便说"絜静精微，易之教也"。所谓"絜静"的意义，是指易学的精神，是具有宗教哲学性的高度理智之修养。所谓"精微"的意义，是指易学"絜静"的内涵，同时具有科学性周密明辨的作用。但在明辨理性之间，倘使不从沉潜静定的涵养而进入易学的境界，稍一走向偏锋，便会流入歧途，自落魔障。故《经解》中，又说到易学的偏失，很可能会"使人也贼"。

从"理、象、数"的精华来看易学，由"乾"、"坤"两卦开始，错综重叠，旁通蔓衍，初从八卦而演变为六十四卦。循此再加演绎，层层推广，便多至无数，大至无穷，尽"精微"之至。

如果归纳卦爻内在的交互作用，便可了解六十四卦的内容，只有"乾、坤、剥、复、睽、家人、归妹、渐、姤、夬、解、蹇、颐、大过、未济、既济"等十六卦象。在六十四卦的内在交互中，这十六卦象，每卦都出现四次。

再由此十六卦而求其内在交互的作用，便只有"乾、坤、既济、未济"四卦，每卦各出现四次。

复由此类推，就可了知在此天地之间，除了"乾、坤、坎、离"代表阴、阳的元本功能以外，凡宇宙以外的物理或人事，无论如何千变万化，它的吉凶观念价值的构成，唯有"既济、未济"两个对待的现象而已。

由此而精思入神，便可了解一画未分以前，阴、阳未动之初的至善真如之境界，可以完全体认大易"絜静精微"的精神，就能把握到自得其圜中的妙用了。

本书译事的经过

本书的完成，说来非常惭愧。远在三年前，有一天，程沧波先生对我说：商务印书馆要翻译《周易》为白话，这个工作，原来是由刘百闵先生担任。刘先生承诺以后，忽然作古，所以王云五先生与程先生谈起，想叫我来担任这个工作，我与百闵先生也认识，当时听了，便冲口而出承担了此事。在我的想法，如果没有别的打扰，每天翻译一卦，至多半年可以完成。谁知开始着手翻译时，才发现许多难以解决的问题。例如：

一、译本的原文是《周易》，必须要尽量与原文原意不离谱。不可以随便说自己的易学见解，也不能独取某一家的易学见解为准。

二、上古的文字，一个字或两三个字便可代表一句话或几句话的语意。如果已经了解了古文的内涵，《周易》原文的本身，本来就是白话，用不着更加语译。现在既要用现代语来译出，既不能离经一字，又必须要加上解释字义、考证原意等工作。有时原文只用一个字，但我们需要用好多字来表达它，而且还不能作到尽善尽美。因此便要在"今译"以外，再加"今释"，才能了解。

三、历代学者对于"五经"的著述和研究，包括"四库"以后的著述，如《皇清经解》，《续皇清经解》等书以外，要算有关《易经》的著述为最多，而且各家都别有会心，甚至互相矛盾的也不少。

我们当然也不能忽略这些资料而不顾，究竟如何取裁也是一个很大的问题。

我当时的立意，是以汉易为原则，尽量避开宋易的解释。因为易学的内涵，虽然以"理、象、数"为主，如果真能懂得了注重"象、数"的汉易，其理自然便在其中了。"象外无词"，原是研究易学的笃论。

有了这些问题横梗在前，所以开始翻译乾坤两卦时，便费了一个半月的时间。其余每一个卦，原意计划用一个星期把它翻译出来，结果还是不能如愿以偿。

在这一段时间，除了手边原有收藏有关《易经》的书籍以外，还得王新衡先生的帮助，送我一套文海出版社《国学集要》第十种中有关《易经》这一全部的书籍，盛意可感，至今还欠上这笔情债。

跟着，我的俗事和课务纷至沓来，实在无法闲坐小窗翻《周易》了，所以一拖再拖，翻到"观"卦时，便搁笔迟延，一直没有继续工作。中间曾经写信向王岫老商量，希望另请高明完成此事，结果岫老又坚持不便改约。

去年春天，徐芹庭来看我，谈到《易经》译稿的事，他看我忙的可怜，便愿意替我完成其事。我当时也想叫他试试看。因为芹庭刚进师大的那一年，便认识我。除了欣赏他诚朴的气质以外，还有很多难能可贵的善行，不是一般人能做到的。他是一个孝子，每个星期都要赶回苗栗乡下，赤脚耘田，帮助父母去种地。所以我就叫他先从《来注易经》入手，希望他对《易经》下番工夫，结果他的硕士论文照着这个目的来完成，博士论文则研究汉易。他目前偏重"来易"和汉易。从我研究"象、数"方面的朱文光博士，又远在国外，不能和他互相切磋。

半年以后，芹庭送来全部译稿，他从"噬嗑卦"以后，一气呵成的成绩。我看过以后，便对他说："很可惜你仍未脱离'来易'及汉易的范围。但是，有了这样的成就，的确很不容易。"

这样一搁又是一年。到了年底，程沧波先生又催我交卷。我也觉得实在说不过去了，再去信和岫老商量，希望能采用芹庭的译稿，而且由芹庭负起这本书的著作责任。结果得到岫老的勉强同意，但说必须注明是我和芹庭的合著。因此才有本书的问世。

但我仍以至诚，向商务印书馆和王云五先生以及读者，致无限的歉意。才力和精力有限，未能达成想象中的任务，希望将来能够好好地完成一部《易经》的研究，贡献给大家以作补偿。这是否能成为"既济卦"或"未济卦"的祝词，便很难预料了。

（一九七四年，台北）

《周易今注今译》再校后记

商务印书馆,在王岫老主持今注今译经部第一集之时,《周易》一书,因刘百闵先生逝世,辗转交由我来语译,其间经过,已略于叙言。然我所从事者,仅上经二十卦(由乾卦至观卦)而已。

《周易今注今译》出版发行以后,经诸学子发现有漏今译今释者,已悔付托匪人,狂简从事,愧疚不已。近年以来,又经诸学子陆续发现误译及简陋之处者,更加惶悚。乃转请商务印书馆负责诸公,再付校雠。俾稍能补阙以交卷,待他日真得息影专心时,当为易学尽本分之贡献。今由蔡策、朱文光二人审核今译部分,差已完整。至于今释部分,后续者偏于虞(翻)易之处,及未能完全语译详明者,不及尽能更正,至以为憾。

一九四四年暑期,我过四川嘉定乌尤寺复性书院,晋访马一浮先生,谈及先生之著述,承告"深悔昔年轻率著书,拟欲尽毁其版而不尽能"云云,言下颇为不快。而我意谓先生谦抑自牧,或未必然。然读蔡元培先生自述传略,有云:"孑民在青岛不及三月,由日文译德国科培氏《哲学要领》一册,售稿商务印书馆。其时无参考书,又心绪不宁,所译人名多诘屈。而一时笔误,竟以空间为宙,时间为宇。常欲于再版时修正之"等语。方知人生非年事经历不到处,决不能深悉悔恨前非之心情。今特志于卷首,庶明向读者发露忏悔之意,并待他日自能善于补过也。

(一九八四年,台北)

《易经数理科学新解》序言

《易》之为书，深密难穷，为群经之宗祖。河洛精蕴无尽，范围品物而无遗。与其精蕴深密，昧者浅尝点滴，诩为悉知千古秘学。达者韬光守晦，艰其薪传。于是历世愈久，支离愈甚，易有随时偕进之义，诚如是乎！倘未然也。

传统易学，约其演变，有汉易、宋易之分。综其支流，有占卜、礼祥、象数、老庄、儒理、史事诸宗。古太卜掌占卜而断之以易，此占卜之宗也。汉儒去古未远，推演象数，阴阳五行之说。统入其学，此象数之宗也。京房、焦赣诸贤，专言礼祥，图谶之言迭兴，此礼祥之宗也。扬子云著《太玄》，以九畴之数，合卦象而言天道，应为别裁。王弼、王肃以老庄言易，开两晋玄学之风，此老庄玄易之宗也。魏伯阳著《参同契》，隐含卦气、变通、爻辰、升降、纳甲之义，参合老庄之说，以言丹道，儒者未之或信，然开千古丹经援易之风，实自此始。宋儒胡瑗、程颐以儒理言易，此儒理之宗也。邵康节以易统造化，出入儒道，别树学幢。李光、杨万里以史事言易以明人事之变，此以易论史事之宗也。僧肇引易理而入佛，曹洞师弟，据卦爻立五位君臣之义，以理心性之修证，开后世以易拟佛之渐。明清以还，治易诸儒，代有辈出，卓尔名家者颇有其人，要皆不出汉、宋诸学遗绪，回翔于谈玄实用之间。迨乎清末，西学东渐，学术文物，于兹丕变，易学衰歇，不绝如缕。先圣有言："作易者其有忧患乎！"稽之往史，每当世运遭屯悔吝之际，必有贤者奋起，荷负开继，或述而不作，或作而不传，其感于忧患而望于治平者，诚有是于斯言也。

今世治易诸贤，信而好古者有之，疑而讥嫌者有之。或从传统，或言男女，或轻记事，或匹科学。以逻辑（logic）符号说易者有之，以自然科学释易者有之。潮流所趋，夹珠玉泥沙而俱来，虽未前迈古人，易学日新，此亦时势所必然也。余潜心学易有年，智浅识陋，未尽探赜索隐之妙，欲求寡过，亦须天假之年，庶几可望。平居偶为新进诸子论易，徒涉皮毛已耳。今觑薛氏宿讲易经河洛著述，观其所由，乃比以现代自然科学之数理而相互发明，故原名其书曰《易经科学讲》。曰：超相对论。诸生有研读其书者，率议重梓，以广流传，俾粗言自然科学之拟易者，资为借鉴。倘温故知新，有所发现，亦为天地立心，生民立命之意欤。爰为言之如是。

（一九六四年，台北）

《周易尚氏学》前言

余自少年玄尚易学，壮岁行脚四方，孜孜以访求易学经师，参寻术数高士为乐。中间世易国变，而向学之志靡懈。今已皎皎华发，于学于易，终未敢云窥其堂奥。久闻尚秉和先生湛深于易学，所著《周易尚氏学》，享誉士林，惜乎终未得见。顷间汪君忠长游美乍返，见赠是书，喜能得偿夙愿。展读感佩，固甚尚矣。其学引经注经，阐发千古幽隐易象，昔无出其右者。唯于数理玄囿，惜未抉赜为憾。然其取法之诚谨，能不肃恭礼敬之耶！发扬前修绝学，启迪后贤新智，是为宿志。故为之记而付印行焉。

（一九八一年，台北）

《读易劄记》序

《易》之为书，周流六虚，变动不居，是其大要。与其不居于一隅，于是范围天地而不过，曲成万物而不遗，如百川入海、万学同睐、千彩丽空、十方异见。道并行而不相悖，何一而非《易》，何一而赎《易》焉。《四库全书》睐类十三经历代之疏注，唯《易》四百七十六部、都四千一百十九卷。远超春秋百家之言。乾嘉以后，犹不预其数。近代作者尤众，一得十捃、意迈前贤，而终未能意得忘象、鱼脱筌遗也。虽然，分河饮水、别树门庭，而资生解渴、各取所需，庸何伤哉，抑何碍耶！

休宁汪君忠长，学《易》于知命之年，睐志于摄生之道，于是糅诸家理象之旨，汇成一家之言，著书立说，题曰《读易劄记》，固是观成，且亦学效，唯其将有远行，属为之言，适余春假期中，督众禅悦，因循时日，稽延应命。今因梓工将竣，亟起援笔为书。秉老氏赠人以言之趣，为之记曰：

羲皇之上，未画无形，几动象生，数具理神。敷陈万类，截决要津。悟通心易，不着点尘。成师无朕。慎莫师心。

（一九八二年孟春，台北）

阎著《易经的图与卦》序

吾国上古之世，文武本不分途，及至春秋，孔门七十子之徒，文武兼资，习以为常，亦多可考可证。时代愈降，文韬武略，渐至分途，积弊所至，常以不学无术以视革胄之士，亦由来久矣。故在吾国军事史上，以书生从戎，功遂名就而彪炳史册者，莫盛于清代中兴之际，然亦仅曾、左、彭、胡麾幕之佐。君子豹变，殊不多觏。故论军中学术之盛，人才辈出者，较之往史，尚莫过于国民革命军之后期，如此时此地之辉煌灿烂也。

阎君修篆，以书生而从军有年，其在军书旁午，狼烟锋镝之间，终不辍学忘读，不敢或忽学以补不足之训。前者君之博士学位论文，即以《周易论卦》而卒业。今复以《易经的图与卦》一书，嘱以为序。忝属先闻，诚不可却，乃强为之言。

夫以易学之渊源幽远，浩博综罗，两汉以还，有关经学之注释，多莫过于《易经》。自唐虞世南有言："不读《易》，不可为将相。"于是有用世之志，济世之才者，尤孜孜有索于《易》矣。然迄宋、元、明、清以降，纵览易学之作，图文并茂，万象森罗。但云山虽同，蹊径各别，是非纷然，非羲皇上人，孰敢确其一是。唯从易简而视之，则古今修途，仍皆局限于《易》之图变、《易》之数演。甚至，亦如数学中之游戏数学，虽慧思奇奥，终莫出此数学公式之范畴，而究之实用，及今虽穷人类之智术，犹未探得其足资利用之源，可以开物成务之功也。不然，则析理于人伦日用之间，坐谈心性，徒托空言而已。此实为易学圣明之痼病，更有甚于《礼记·经解》

篇中所论《易》之弊也之说矣。或有说曰:《易》所统摄三玄之言,皆时兴于衰变之世。今者,易学勃兴,虽曰受国际学者注重中国文化之影响,然不期而合于世道衰变之际,可不惧哉!曰:是何伤乎,苟谓三玄之学,皆起于衰世,则孔孟之说,岂作于盛平之时耶?人事有代谢,世道有兴衰,而学则永固,隋末有河汾讲学之后,即有盛唐之崛起,庸何伤哉!唯望今时学者,志心于图卦之说,苟能舍其筌象,而得其圜中以应用无穷,则为幸矣。是为序。

(一九七七年,台北)

《太乙数统宗大全》序

术数之学，原出于阴阳之官，阴阳设官，始著于三代，盖职掌星象，顺适农时，因应人事者也。然溯其源流，旷渺幽远，书载犹阙，稽之初民，智识朴实，茫茫世事，欲逆料而知来者少，于是托赖占卜，以决休咎。继而文明进展，人事纷繁，卜筮之术，枝蔓流衍，同异互见。然原始要终，不外五行、八卦、九宫、历算。随之据星象而纳甲于八卦，引九宫而遁伏于奇门，于是太乙、六壬、丁戊、紫白、方伎竞起，各擅胜筹。

秦汉之间，援易象数而为术，谶纬之说，弥漫上下，有学无学，咸准为式，虽通儒硕学，亦所难免。唐宋之际，佛道学说，参杂并陈，自希夷传太极图像，邵子宗河洛理数，会三元于往复，列四象而为元会运世，于是托古图谶，附会预言者，屡出不鲜。佞之者奉为天则，辟之者嗤为妄诞，要皆未明天时人事之机枢，虽曰天命，岂非人事；固为人谋，亦应天运。欲穷其奥，此乃天心所秘，非聪明睿智，至诚通慧者所难知也。苟有其人，则知未必言，言又放诞，神秘理事，流散支离，群以江湖小术而目之矣。

固知人事有代谢，往来无古今，物情递变，虽微渺而不可思议，而先圣有言，数往者顺，知来者逆。居易以俟命，极言其大象细则，未尝不可测知。第学之未至，知之不逮耳，盖术数之学，实据于天文、地理，物情演变之妙而定其准则，虽小道，亦有可观者矣。苟扩而充之，启发慧知，方之今日科学，大有互相发明之处。昔儒囿于传统，目为杂学，置而不论。吾尝有言：欲言中国文化，如不通杂家之说，殆难窥其全貌。今英人著有《中国科学技术发展史》（ Science And Civilisation In China ）者，其所引用，多为杂家之学，适符斯语，能不慨然。

　　黄陂胡玉书夫子，沉潜易象数之学五十余年，余尝从之执经问难，多所启迪，犹未悉尽其学。宋今人君欲将《太乙数统宗大全》梓版，征之于余，乃举以质之夫子，咸嘱为言。夫太乙之说，原于天干之名数，而胎息于方伎者流，道家论天地星辰消息，列述太乙之神，汉代刘向校书于天乙阁，托太乙燃藜而为奇。医有太乙之铖，兵有太乙之术，异名愈出，恍惚难测。实皆寓阴阳于象数，寄变化于神奇。太乙数者，虽不类同于河洛法则，参合三元运转，述象数之变而推知人事之理者，其揆一也。会之者，应用之妙，存乎一心。昧之者，但存闻阙疑，留待后昆，或可随时偕进于文明之途欤！是为序。

（一九六五年岁次乙巳腊月南怀瑾序于台北）

朱文光著《易经象数的理论与应用》代序

东西文化幕后之学

人类的思想与行为，乃形成文化的主体。到目前为止，人类的文化汇成东西两大系统。但这两大文化系统，除了人文科学与自然科学的种种，无论东方文化或西方文化，都有一种不可知的神秘之感存于幕后。例如宇宙与一切生物的奥秘，人生的命运和生存的意义等问题，仍然是茫然不可解的一大疑团，还有待于科学去寻探究竟的答案。将来科学的答案究竟如何，现在不敢预料。但在东西双方文化的幕后始终存在着一个阴影，有形或无形地参加文化历史的发展，隐隐约约地作为导演的主角。无论学问、知识有何等高深造诣的人，当他遭遇到一件事物，实在难以知其究竟，或进退两难而不可解决的时候，便本能地爆发而变成依赖于他力的求知心，较之愚夫愚妇，并无两样。

术数与迷信

在中国五千年文化的幕后，除了儒、佛、道三教的宗教信仰以外，充扮历史文化的导演者，便以"术数"一系列的学说为主。由于"术数"的发展而演变为各式各样求预知的方法，推寻个人的、家庭的、国家的、宇宙的生命之究竟者，分歧多端，迷离莫测。世界上有其他学识的人虽然很多，但对于这些学识未曾涉猎者，由于自我心理抗拒"无知"的作祟，便自然地生起"强不知以为知"的潜在意识，贸然斥拒它为"迷信"。其实，迷信的定义，应指对某一些事物迷惘而不知其究竟，但又盲目地相信其说，才名为"迷信"。如果自己未曾探讨便冒昧地指为迷信，其实反为迷信之更甚者。相反地，自犹不知其究竟而深信其说为必然的定理，当然属于迷信之尤。但在中国过去三千年来的帝王、将相，和许多知识分子，以及一般民间社会，潜意识中都沉醉于这种似是而非的观念里，以致埋葬了一生，错乱了历史上的作为，事实俱在，不胜枚举。那么，这一类的"术数"学识，究竟有无实义？究竟有无学问的价值？而且它又根据些什么来凭空捏造其说呢？这就必须要加以慎思明辨了。

西方文化吹起了新术数的号角

最近，一个学生自美国回来探亲，他告诉我目前正在加州大学选修"算命"的学科，而且说来津津有味，头头是道，但大体都是根据大西洋学系和埃及学系的"星相学"而来，与中国文化的渊源不深。年轻的国家，文化草昧的民族，正以大胆的创见，挖掘、开发自己文化的新际运，不管是有道理或无道理，加以研究以后再作结论。但本自保有祖先留下来五千年庞大文化遗产的我们，却自加鄙弃而不顾，一定要等到外人来开采时才又自吹自擂的宣传一番了事，这真是莫大遗憾的事。

一九七一年朱文光博士自美国回来任教台大农学院客座副教授的一年期间，在其讲学的余暇，不肯浪费一点时间，秉着他回国的初衷，帮助我整理有关这一类的学科。可惜的是时间太短，经费又无着落，未能做到尽善尽美的要求，他又匆匆再去国外搜集资料。

因此只能就初步完成的草稿，交付给我，算是他这次回国研究工作的部分心得报告。有关解释和未完的事，又落在我的肩上。偏偏我又是一个"无事忙"的忙人，实在不能专务于此。况且对科学有认识、有造诣的助手难得，肯为学问而牺牲自我幸福的人更不易得。科学试验的设备和图书资料等等问题，都一筹莫展，也只有把未完的工作，留待以后的机缘了。

术数之学在中国文化幕后的演进

在中国五千年文化的幕后，有关"术数"一门学识，不外有五种主干，综罗交织而成。一、"阴阳"、"五行"；二、"八卦"、"九宫"；三、"天干"和"地支"；四、天文星象；五、附托于神祇鬼怪的神秘。这五种学说，开始时期，约有两说：（一）传统的传说，约当公元前二千七百年之间，也就是黄帝轩辕氏时代。（二）后世与近来的疑古学派，宁愿将自己的历史文化"断鹤续凫"式的截断缩短，而认为约当公元前一千七百年左右，也就是"商汤"时代之后，才有了这些学说的出现。反正历史的时间是不需花钱的无价之宝，它不反对任何人替它拉长或缩短，它总是默默无言的消逝而去。我们在它后面拼命替它争长，它也不会报以回眸一笑以谢知己。即使硬要把它截短，它也是悠然自往而并不回头。

但由于这五类主干的学说，跟着时代的推进而互相结合，便产生了商、周之间"占卜"世运推移的学识了。历史上有名的周武王时代，"卜世三十，卜年八百"之说，便开启后世为国家推算命运之学的滥觞。到了东周以后，也正是孔子著《春秋》的先后，占卜风气弥漫了"春秋"时代的政治坛坫。"战国"之间，自邹衍的阴阳之说昌盛，谈天说地的风气，便别立旗帜，异军突起于学术之林。尽管卿士大夫的缙绅先生们（知识分子）如何的排斥或不齿，但贤如孟子、荀子等人，也或多或少受其影响而掺杂于其学问思想之间，历历有据可寻。秦、汉之间，五行气运与帝王政治的"五德相替"之说，便大加流行，左右两汉以后两千多年的中国政治思想和政治哲学。尤其自秦、汉以来，"占卜""星相""阴阳""择日""堪舆"（地理）、"谶纬"（预言）等学，勃然兴起，分别饮水而各据门庭，即使两汉、魏、晋、南北朝而直到唐、宋以后二千多年来的历史演变，幕后都弥漫着一股神秘而有左右力量的思潮，推荡了政治和人物的命运，其为人类的愚昧，抑或为天命固有所属，殊为可怪而更不可解。在这中间，正当汉、魏时期的佛学输入，又渗进了印度的神奇"星象"学说。到了隋、唐之际，又加入了阿拉伯的天文观念。因此参差融会而形成了唐代"星命"之学的创立，产生李虚中的四柱八字之说，和徐子平的"星命"规例。

星命和星相与心理的关系

人类本来就是自私的动物，人生在世最关心的就是自己的幸福和安全。其次，才是关心与六亲共同连带的命运。因此自有子平"星命"之学的出现以后，人们便积渐信仰，风行草偃而习以为常了。但是子平的"星命"之学的内容，一半是根据实际天文的"星象"之学，一半又掺杂有京房等易象数的"卦气"之说的抽象"星象"观念，同时又有印度抽象"星象学"的思想加入而综合构成。如果精于此术的推算结果，大致可以"象其物宜"，可能有百分之九十的相似。否则，墨守成规，不知变通的，便承虚接响，或少有相似而大体全非了。

从隋唐、五代而到北宋之际，有关"占卜"的方法，便有《火珠林》等粗浅的书籍留传。它所用在"占卜"的方式，大体仍是脱胎于京房的卜算，但又不够完备、精详。有关国家历史命运的预言，脱胎于两汉的"谶纬"之说的，便有李淳风"推背图"的传说，风行朝野，暗地留传在历史文化的幕后，左右个人、家庭、社会、国家等种种措施的思想和观念。同时"相人"之术——通常人们习惯相称的"看相"，也集合秦、汉以来的经验，配上"五行""八卦"等抽象的观念，而逐渐形成为专门的学识。人处衰乱之世，或自处在艰难困苦的境遇中，对于生命的悲观和生存前途的意义和价值之怀疑，便油然生起，急想求知。俗语所谓："心思不定，看相算命"，便是这个道理。

宋代以后的术数

这种学识的内容，历经两三千年的流传，自然累积形成为不规则的体系。从宋代开始，便随着宋朝的国运与时代环境的刺激，自然而然有学者加以注意。因此有了邵康节易理与象数之学的兴起，出入于各种术数之间而形成《皇极经世》的巨著了。邵氏之学虽如异军突起崛立于上下五千年之间，但为探寻它的究竟，学虽别有师承，而实皆脱胎于术数而来，应当另列专论。自此以后，中国的"星命""星相""堪舆""谶纬""占卜"等之学识，或多或少，都受邵氏之学的影响而有另辟新境界的趋向。此类著作，或假托是邵氏的著述，或撮取邵氏之学的精神而另启蹊径。

由此而到了明代，"星命"之学，便有"河洛埋数""太乙数""果老星宗""紫微斗数""铁板数"等方法的繁兴。"堪舆"之学，便有"三合""三元"等的分歧。但"九宫（星）""紫白"等方法，又通用于"星命"与"堪舆"等学说之间。其余如"占卜""选择"之学，则有"大六壬"神数，与"奇门遁甲"等相互媲美。综罗复杂，学多旁歧，难以统一。且因历代学者儒林——传统的习惯观念，对于这些"术数"学识多予鄙弃，并不重视。专门喜爱"术数"的术士或学者，又限于时代环境的闭塞，读书不多，研究意见不得交流融会。故步自封而敝帚自珍的处处皆是，因此驳而不纯，各自为是地杂乱而不成系统。到了清初，由康熙朝编纂的《古今图书集成》，罗列资料，颇具规模。但并未研究整理成为严谨的体系，而且没有加以定论。乾隆接踵而起，除了搜集选择"术数"等有关的著作，分门别类，列入《四库全书》以内，又特命"术数"学家们，编纂了《协纪辨方》一书，以供学者的参考。对于学理的精究，毕竟仍然欠缺具体的定论。但是，它在中国文化思想的幕后具有的影响力量，依然如故。只是人人都各自暗中相信、寻求，但人人又都不肯明白承认。人心与学术一样，许多方面，都是诡怪得难以理喻，古今中外，均是如此。所以，对于幕后文化明贬暗褒的情形，也就不足为怪了。

（一九七二年南怀瑾先生讲述，朱文光记录于台北）

附 录

邵康节的历史哲学

　　一个人天才和气质的禀赋,虽然各有所长,但气质的禀赋,对于学问,实在有很大的关系。在北宋时代,与邵康节同时知名的苏东坡,曾经说过"书到今生读已迟"的名言,这句话虽然有点过于神秘之感,但在强调天才和气质的关系上,实在含有深意。中国文化史上知名的北宋五大儒之一——邵康节,有出尘脱俗的禀赋和气质,加以好学深思的工力,和温柔自处的高深修养,所以尽他一生学问的成就,比较起来,就有胜于"二程"和张载诸大儒。后来朱晦翁(熹)对他甚为崇拜,并非纯为感情用事。北宋诸大儒的学问出入佛老之后,创建了"理学"而不遗余力地排斥佛道之说。此外,不讲"理学",留情佛老之学如苏东坡、王安石等人,又因各人对于世务上有了意见的争执而互相党同伐异,彼此攻讦不已,自误误国,与魏、晋谈玄学风的后果,可以说迹异而实同。其间唯有邵康节的学养见识,综罗儒、佛、道三家的精英,既不佞佛附道,亦不过分排斥佛老,超然物外,自成一家之言。单就这种态度和见解来讲,殊非北宋诸大儒所能及的。他的见地修养,除了《观物外篇》与《击壤集》,有极深的造诣,对《易经》"象数"之学,更有独到的成就。综罗汉、唐之说而别具见解,以六十四卦循环往复作为"纲宗"的符号,推演宇宙时间和人物的际运,说明"历史哲学"和人事机运的演变,认为人世事物一切随时变化的现象,并非出于偶然，在在处处，"虽曰人事，岂非天命！"因而他对"历史哲学"的观念，认为有其自然性的规律存在，本此著成《观物内篇》的图表，与《观物外篇》合集而构成《皇极经世》的千古名著。《观物内篇》的内容，好像是历史的宿命论，而又非纯粹的宿命论。可以说是中国历史上谶纬预言之学的综论或集成，同时也可以说是《易经》序卦史观的具体化。

中国文化星象历法的时间观念

年月日时的区分：根据《尚书》的资料，中国的历史文化，自唐尧开始，经过虞舜而到夏禹，早已秉承上古的传统，以太阴历为基准，确定时间的标准。一年共分为十二个月；每月均分为三十天；每天分为十二时辰——子、丑、寅、卯、辰、巳、午、未、申、酉、戌、亥；一时又分三刻。这种星象历法的时间观念，由来久远，相传远始于黄帝时代，这事是否可信，另当别论。但都是以太阴（月亮）为基准，所以代表了十二时辰的十二个符号，便叫作"地支"。扩充"地支"符号的应用，也可以作为年的代号，例如子年、丑年而到亥年以后，再开始为子年、丑年等循环性的规律。

二十四节气的区分：古代的"星象历法"，同时也以太阳在天体的行度作标准。所以中国过去采用的阴历，实际上是阴阳合历的。除了一年十二个月，一个月三十天的基准以外，根据太阳在天体上的行度与地面上气象的变化和影响，又以"春、夏、秋、冬"四季，统率十二个月。也等于《易经》"乾卦"卦辞所谓"元、亨、利、贞"的四种德性。并且除了以四季统率十二个月外，又进一步划分它在季节气象上的归属，而分为二十四个节气，例如"冬至、小寒十二月节大寒，立春正月节雨水，惊蛰二月节春分，清明三月节谷雨，立夏四月节小满，芒种五月节夏至，小暑六月节大暑，立秋七月节处暑，白露八月节秋分，寒露九月节霜降，立冬十月节小雪，大雪十一月节"等二十四个名号。这二十四节气的标准，是根据太阳与地球气象的关系而定，并非以太阴（月亮）的盈亏为准。

五候六气的划分：除了四季统率十二个月、二十四节气以外，又以"五天为一候""三候为一气""六候为一节"作为季节气候划分的基准。根据这种规例，推而广之，便可用在以三十年为一世，六十年为两世，配合《易经》六爻重划卦的作用。缩而小之，则可用在一天十二个时辰、刻、分之间与秒数的微妙关系。

这种上古天文气象学和星象学，以及历法的确立，虽然是以太阴（月亮）的盈亏为基准，但同时也配合太阳在天体上的行度，以及它与月亮、地球面上有关季节的变化。可是上古中国天文星象学除了这些以外，再把"时间"扩充到天体和宇宙的"空间"里去，探究宇宙时间的世界寿命之说，不但并不完备，实在还很欠缺。只有在秦、汉以后，逐渐形成以天文星象的公式，强自配合中国地理的"星象分野"之学，勉强可以说它便是中国上古文化的"时""空"统一的观念。很可惜的这种"时""空"统一的学说仍然只限于以中国即天下的范围，四海以外的"时""空"，仍然未有所知。况且"星象分野"之学，在中国的地理学上，也是很牵强附会的思想，并不足以为据。青年同学们读国文，看到王勃《滕王阁序》所谓的"星象翼轸"，便是由于这种"星象分野"的观念而来。

邵子对"时""空"思想的开拓

汉末魏、晋到南北朝数百年间，佛学中无限扩充的宇宙"时""空"观进入中国以后，便使中国文化中的宇宙观，跃进到新的境界。但很可惜的，魏、晋、南北朝数百年间的文化触角，始终在"文学的哲学"或"哲学的文学"境界中高谈形而上的理性，并没有重视这种珍奇的宇宙观,而进一步探索宇宙物理的变化与人事演变的微妙关系。甚之,当时的人们,限于知识的范围,反而视为荒诞虚玄而不足道(关于佛学的宇宙观和世界观的补充说明,必须要另作专论,才能较为详尽)。直到北宋时代,由邵康节开始,才撮取了佛家对于形成世界"成、住、坏、空"劫数之说的观念,揉入《易》理"盈、虚、消、长""穷、通、变、化"的思想中,构成了《皇极经世》的"历史哲学"和"易学的史观"。其实,邵子创立《皇极经世》"易学史观"的方法,我想他的本意,也是寓繁于简,希望人人都能懂得,个个都可一目了然。因此而"知天""知命","反身而诚"而合于天心的仁性。并非是故弄玄虚,希望千载之后的人们,"仰之弥高"钻之不透的。无奈经过后世学者多作画蛇添足的注解,反而使得邵子之学,愈来愈加糊涂。

在邵康节所著人尽皆知的《皇极经世》一书中,最基本的一个概念,便是他把人类世界的历史寿命,根据易理象数的法则,规定一个简单容易记录的公式。他对这个公式的定名,叫做"元、会、运、世"。简单地讲,以一年的年、月、日、时作基础。所谓一元,便是以一年作单元的代表。一年(元)之中有十二个月,每个月的月初和月尾。所谓晦朔之间,便是日月相会的时间,因此便叫做会。换言之,一元之间,便包含了十二会。每个月之中,地球本身运转三十次,所以一会包含三十运。但一天之中又有十二个时辰,每一个时辰,又有三十分。因此把一运之中包含十二世,一世概括三十分。扩而充之,便构成了"三十年为一世,十二世之中,共计三百六十年为一运。三十运之中,共计一万八百年为一会,十二会之中,共计十二万九千六百年为一元"。一元便是代表这个世界的文明形成到毁灭终结的基数,由开辟以后到终结的中间过程之演变,便分为十二会,每一会中又有运世的变化。这种观念大致是受到佛学中"大劫、中劫、小劫"之说的影响而来。如果把它列成公式,便如：

但是这种算式，在一般没有算学素养的人是不容易记得的，因此便把一元之中的十二会，用子、丑、寅、卯等十二地支作数字的符号，便于记忆。由世界开辟到终结，便分成了十二会。于是"天开于子，地辟于丑，人生于寅"的观念，便由邵氏的"元、会、运、世"之学中形成为后世阴阳家们的共通观念了。

邵子创立了"元、会、运、世"之学，用来说明自开天辟地以来，到达最后的"亥会"，合计为一十二万九千六百年。但邵子所说的天地始终之数，并非就是地球由出生到毁灭的寿命。这个"元、会、运、世"的数字之说，只是大致相当于佛学所说的一个"小劫"，是说世界人类文明的形成到毁灭的一段过程。佛学只用"刀兵""饥馑""瘟疫"等人类社会的活动现象作说明。邵子却以数字配合卦象作代表。至于循环之说，又与轮回的道理，默相契合，颇堪玩味。

（一九七二年，南怀瑾先生讲述，朱文光记录于台北）

《未来预知术》出书记

人生世事,假使划分过去、现在、未来为三分段,则过去多追悔,未来不可知,所谓现在,亦但随逐时势运会而转,极少能尽如人意者。于是上下亿万年,纵横九大洲之人类,莫不设想未来,求其先知以为快。故无论宗教、哲学、科学如何发展,所谓先知者及预言者,终为世人所向往。我国先民求预知之道,相同于世界各民族祖先文化,大致多假借依通之术聊当神通,如占卜、卦筮之斑斑可考也。

迨周文显扬《周易》以来,浸假而汇通于春秋后出之阴阳家言,因之以占卜而求预知之学,辄成一家之术者,如东汉时代焦赣之《易林》,京房之《易传》等作,相继问世。一变再变,而形成《火珠林》卜卦等术数,大异《周易》之趣。然深邃焦京术数之易学者,固知其因时移世易,用原始《周易》之术数,已不足以概人事日繁之世,故不背易理而新创随时之说者也。

魏晋以降,"关朗易传"犹继焦京等易学而再变,差可应世。迨乎宋代,邵子康节乘时崛起,融贯易理、阴阳、风角诸术,别成一家之言。其大著如《皇极经世》,小术如后人托名之《河洛理数》等书,不一而足,风行数百年。明朝中叶以后,则复有《太乙数统宗》等术,比翼邵子之学而并行,唯作者自遁其名,考证为难。

清朝以还,继周易筮法,焦京余绪,邵子《河洛理数》,"太乙术数"等法则,愈演愈趋小径,大多皆以"卜筮正宗"之金钱卜法为准,实为《火珠林》之遗术也。

晚清末造，占卜灵验之术，所见所知，颇有多家新著，然皆并行不悖，难论轩轾。要之，变而通之，神而明之，在乎其人，不在其定式。

近日旅居海外学人陈君得清，遥寄《未来预知术》一书见赠，乃自搜购于域外之绝本，阅而不觉为之展颜。其术其辞，简明扼要，有如《易林》之隽永，有如《河洛理数》之平言，复有如神庙籤诗之俚句，融通雅俗，颇堪玩味。作者虽不可考，然其玩索易理而有得者，亦至幽且深矣。与其秘作枕中鸿宝，何如公之于世，庶使昔人心力，不沉埋于未来，亦足乐也。是以付印，并为之记。

（一九八〇年冬月，台北）

道家之部

推介中国传统文化主流之一
《道藏》缘启

中国文化,为东方学术思想之主流,此为世界学者所知之事。而中国文化之中坚,实为道家之学术思想,此则往往为人所忽略。盖自秦汉以后,儒道与诸子分家,儒家学术,表现其优越成绩于中国政治社会间者,较为明显。道家学术则每每隐伏于幕后,故人但知儒术有利于治国平天下之大计,而不知道实操持拨乱反正之机枢。更何况后世之言治术与学术思想者,虽皆内用黄老,外示儒术,而故作入主出奴之笔,使之迷惑其源流。复因历代修纂历史学者,与乎明清两代编集群书,如《永乐大典》《四库全书》等,主持之编纂者,大抵皆极力标榜儒术而偏斥道家。于是冠以经、史、子、集为正统传统文化之经纬,外若道家学术,若不冠以异端偏说之论,即漫存少数于子部之中。虽贤如纪晓岚亦有明言评其内容为"综罗百代,博大精微"之语,要皆囿于传统学者之习见,不敢明扬而推广之,殊为遗憾。因此而使后世学者,不知中国文化主流之一之道家学术思想为何事,仅以老子、庄子、列子等数人学说,即以概道家学术之全体,岂但贻人浅陋之讥,实亦不悉周秦以前儒道本不分家之渊源脉络,与其演变为百家学说之因由,至为可惜。至于清代以后之道家者流,高明之士,大都高蹈远引,不预世务。粗浅之辈,多半孤陋寡闻,师心是用,抱残守缺,自以鸣高,尤堪浩叹。

然以中国往昔历代古人,对于固有文化学术之重视,虽因见仁、见智，各有不同，而具有远大胸襟，不避世俗讥议，修集道家学术思想为一大藏，仿效印度佛教传入中国以后之整编工作，有明正统万历间，相继纂修，以千字文为次，自天字至群字为汇刻旧藏之目；自英字至缨字，为明人新续之目，总为五千四百八十五卷，即为传世之《正统道藏》正续编。固已将自周秦以前以迄明清为止之五千年来，凡有关于道家学术思想之撰述，真伪精粗，均已一并罗列俱存，使后世之人，欲穷先民学术思想之根源，以及黄帝子孙，欲了然于列祖列宗博大精微之思想者，确已藏集无遗。虽如长炬明灯，自来皆埋光于幽室之间，然终将有时烛照天下，透其五千年来智慧结晶之光辉于无间也。

前人保存将护此一文化学术之巨帙，固已历尽艰辛，而后世子孙能加发扬而光大之者，尤当责无旁贷。但自民国初年，由康有为、梁启超师弟为之号召，促成当时大总统徐东海主衔其事，曾经影印北平白云观版之《道藏》及《续藏》全部以外，至今仍如暗室幽灯，隐晦不明。故有心之士，身际此时此地，当此民族文化存亡续绝之秋，宁不见义勇为，为之重新铸版而阐扬之耶！近年以来，即有自由出版社萧天石先生首倡影印《道藏》精华中有关丹道之古本以来，今有艺文印书馆严一萍先生，独力具此壮志，不计成败利钝，毅然从事重印，岂独为经营而牟利？实亦泣血椎心，有不得不姑作牺牲之怀抱也。何况正当此时，又得侨居海外学者及国际友人等之鼓励，岂可让此中国文化之主流，湮没而不彰乎！

然因世人不知《道藏》之内蕴为何事，往往误以画符练咒，捉妖拿怪之法术，即谓此即为道家与道教之学术思想，卑陋浅薄如原始之巫医而不足道者，诚为可怪。假设《道藏》为一毫无价值之丛书，试想历三千年来我辈之先贤，皆为有目无珠，胸无点墨，而盲然为此者乎？积数千年前人学者之累积，而不经悉心研究阅读，动辄斥为卑陋，恐贻识者有非狂即愚之诮矣！宁不见每当国家板荡之秋，若干命世之才，其匡时救世之韬略兵机，阴阳钩距，纵横捭阖，建功立业而措变乱于安定者，靡不学宗道术，德操中和，重如伊尹、姜尚、张良、孔明，以及刘秉忠、姚广孝、刘基等辈，此皆彰明较著者；他若功成身退，没世而名不称者，比比皆有。至如南面君人之术，无为至治之道，若不知黄老之学，未有成功而不败者。故须略加说明其内容，望吾民族国人与国际人士之有明见者，应当更加珍惜而推广流传之。上则可以对先民及吾列祖列宗在天之灵，下则使我后世人类之子孙，或可由此藏帙中温故而知新，藉得启发而光大之，对于人类生存之未来大计，将大有裨益矣。

　　盖《道藏》中所列诸经，汪洋渊博，只需去其宗教神话色彩之外衣，则可由此了解东方古代文化思想中，对于宇宙形而上之形成万物根元，早已另有发现。此则凡研究东西方哲学与宗教之士，不得不读。

　　其中有关于天文推步，日月星宿运行之原理与现象，要亦为东方原始天文气象学之渊源。故凡研究天文学说，以及了解印度、阿拉伯与中国天文之沟通者，不得不读。

　　其中有关于阴阳术数，五行八卦，奇门遁甲等学。故凡研究奇术异能者，此中尤多原始渊府，不得不读。

　　其中有关于河渎名山，神仙洞府，则为中国三千年前对于地球物理之基本观念。故研究自然科学如地球物理，欲参考先民远见之资料者，不得不读。

　　其中有关于五金八石，烧铅炼汞，捣药凝丹，则为三千年前人类远祖之化学端绪。故研究药物化学与矿物学者，不得不读。

　　其中有关于灵芝奇卉，本草仙葩，足以治疗身心寿命。故研究中国医药以及医学与药物发展史者，不得不读。

　　其中有关于符箓咒术，神通天人之际。故研究三千年前中国音声瑜伽，与印度梵文，以及埃及符箓之关系，与乎催眠术与心灵学者，不得不读。

其中有关于修身养性，志存长生不老之仙道，坎离交媾，姹女婴儿会合，河车旋运，九转丹成等。故研究神仙丹道者，不得不读。

其中有关于堪舆风水，奇门择日，九宫紫白等术。故研究山川地理、与地质学、气象学者，不得不读。

其中有关于日月奔璘，飞腾变化。故研究三千年前中国学术思想之追求太空宇宙，与探寻其他星球之理想者，不得不读。

至若研究周秦以前儒道同根之源头，与欲了解汉魏以下，佛教思想传入中国以后，其与固有儒道学术之沟通踪迹，对于中国文化儒、佛、道三家之汇通者，尤其不可不读。

此皆举其荦荦大者而言，其他如穷究东方神秘世界之玄妙，与乎人类原始神人思想之学术，语多怪异，文多奇诡者，尤其难以尽述。至如文章奇丽，词藻清新，瑶苑琳台，霞迷云拥，其为想象难闻者，则为道家文学之特质，不待介说可知。今即约略言之如上，可知道家学术思想所形成两汉以后之道教原因，并非无故。盖因秦汉以后，因人文思想独揽社会风气之大权，将此五千年来固有传统之有关于物理世界之学术思想，一概摒弃，故惟如神龙见首而不见其尾，但能附形寄影于宗教外衣之下而建立依存于道教之中，宁非我民族国家文化学术上一大不幸与一大遗憾者乎！是故望天下有心人，应当共同奋起，加以推广，藉以保此先民文化，与我国历史传统文化之巨帙，俾使其与四库、佛藏，同辉千古，实为无量功德，岂仅为吹嘘艺文印书馆为文化服务之微意哉！是为启。

一九六三年七月一日，台北《新天地》月刊第二卷第五期

《略论中国医药学术与道家之关系》序

吾闻论中国医药者，皆云渊源于道家，而言道家之学术，则云综罗百代，博大精微，然则医药所宗之道家者，为方伎神仙之道？抑为形而上太极玄微之道？则似笼统未定其界说，故有扑朔迷离之惑，如折衷其旨，宜归于方伎神仙家之道较为互同。方伎神仙家之为道术也，以养生为宗，以修炼内外金丹为用，但言其术者，动辄推尊黄老，而黄帝之学，世谓其书大都出于后人之伪托，老子之学，已明白具于五千言，其间显见为医药之文者，未之见也。有之，唯黄帝《灵枢》、《素问》，世并称之谓《内经》，以及道家之《黄庭》内外景经与丹书杂学，确为养生医药渊源之新本，姑不论其间世时代之远近，信为秦汉间之著述，当无疑义，由此可见中国医药之源流，其由来久远，而昌明于周秦之际。

实则无论有无文化之民族，其生老病死之过程，莫不殊途而同归，有生老病死之人生现实存在，亦必有医药随之以俱来，唯其学其术有精微粗率之别，而无有无之分也。中国医药，既云渊源于道家，而道家又以精微博大著称，其学术自当别具高明，奈何近世以来，一遇西洋医药输入，举国之人，几视其为陈腐朽败不经之学，将欲尽弃而勿论之耶？吾甚疑之，故喜涉猎其中，探寻其迹，乃知古之习医学者，必以《灵枢》《素问》、《内》《难》二经为其初基，再次而研习《伤寒》《金匮》、《本草》《脉诀》，然后博通群籍，融会诸学，方可以言医。至若粗知《本草》，略记药性，读《汤头脉诀》或专于科方针砭者，即骤自行医，实为医家之左道，人群之危人也。

晚近有研求金元四大家之学,或探《医宗金鉴》之集,已可称为此中巨擘,既谓五运六气之说,徒有名言,概无实义,观摩止此,其他何足论哉。

夫《灵枢》《素问》、《内》《难》之旨,先须详知人身气化之本,经脉血气与天地阴阳盈虚消长之理,然后效法以养生,应用以医世。神仙方伎,故奉之为修炼之宝典,但研读之者,苟未识小学训诂,不知天文地理,且乏文学之修养者,则往往被其阴阳名目之迷而益滋烦惑,反视为虚玄谬说矣。至若《难经》之五行六运之说,辄取《周易》八卦之理则,智者知其为人生物理学术之最高原则,浅者反视为一派胡言乱统而已。何况《黄庭》内外景与丹书所言,龙虎水火、婴儿姹女,尤迹近神妙,苟不好学而深思之,必不易知其设喻所指之真谛也。须知《内》《难》二经等所言生老病死之变迁,并天地间物理与人生之关系,统纳法则于《易经》,而易学之理,则本于天文地理人事物理之自然规律,其学术秉承,渊源有本,确非空言妄构,徒为虚玄也。老子有言曰:"人法地,地法天,天法道,道法自然。"盖谓人之生存于天地之间,其生命本能现象,与天地自然规律之气化,固有息息相关者存焉,识知天地生物盈虚消长变通之理,然后方可以言养生与医药,中国医药之学术,其根本基础实秉此而来,则较之西洋医学,徒以人身为本位,以卫生医疗药物理论等为专科,大有不同者在焉。

人生天地之间,生活起居,不离地域,日月运行,寒暑迁改,皆与人有俯仰往来密切之影响,穷探此自然规律之来源,则须以本系星球中心之太阳为准则,古称五行以日元为主,即此意也。而所谓"五行"者,谓太阳辐射能之及于地球,互为吸引排荡而生变化,其间并感受其他四大行星互相放射之作用,地球上生物与人,即受行星间各种辐射能而生存,复皆藉地气之中和而受其变化之妙用。行者,即为旋转运行不息之意,强名谓金木水火土,亦为代表显示其现象之名辞，并非谓金即金铁，木即林木也，如食古不化，死守成文，则剑过已远，刻舟何用。至于九宫八卦，六壬推步，乃效法天地生物演变之一种固定法则，以卦显其演变之现象，以宫定其变迁之部位，六壬记其次序，推步述其过程，详知四时寒暑代谢之间，生物之成坏有序，昼夜明暗之际，精神之衰旺不同，例如七日来复，为天地气化同人身气血盈亏之规律，春生冬藏，为热胀冷缩心身互用之情形，良知疾病之由来，非但为外界传染，与饮食起居之所致，即太阳系内各星球之影响人类生存者，随时间空间而互变，更有大且甚者。医药所以为养生，养之医之而不穷究其本元在此，徒为术耳，未足以言学也。

由此研究人身之本能，法则天地造化之奥秘，其微密精细，如出一辙，古称人身为一小天地，亦决非夸张其词，丹书所谓："日出没，比精神之衰旺，月盈昃，喻气血之盛衰。"则知精神与气血，并为生命之中心，五脏之互相关系，有同于五行之运转，六腑之流通，有同于天地气机之往来，血管神经，同于江河之流注，情意畅抑，同于气象之阴晴，奇经八脉，为本能活动气化之径道，丹田命门，为能量储藏之机枢，此皆为生之学，从生命存在而可验其状况，并非有固定之质，不能于死后解剖可知其究竟。余如认窍穴以针灸，为佛道两家之特长，炼神气以长生，乃神仙方伎之专业。秉其学而致用为医药之术，则有一针二灸三砭四汤医之分，辅之以精神治疗，如祝由符咒之神异，见之以本能力量，有推拿气功之妙用。其他如辨药性，须知地理地质气象性能之互变，究物理，须知有化腐朽为神奇之妙用，总此方得言医，岂非综罗百代，集学术精微之大成者耶！

中国医药之所长既在此，而近世不知而辟之者亦正以此，每况愈下，乃不能会中西医药之精华，而发扬光大之，徒持门户之争，而蒙文化之羞，不亦事有必致，理所固然者乎？须知中国医药，其源流由来虽久，而于东汉南北朝间，已随时代文化而一变，其间吸收古印度与西域诸国之所长，至盛唐而别具其光芒，历宋金元明，虽间有小变，但皆秉此余绪，出入乘除，现代一切文明，既与西洋文物接触，其交光回互，发扬精辟，正为此一时代有心者之职责，应当急起直追，融会而贯通之，实无暇闭户称尊，彼此拒纳也。西洋医药，寄精细于解剖，穷详证于物理，假手机械之神明，试临床之实验，其小心仔细，确非泛知虚玄理论之空言也。但其囿于生物之理，而昧于宇宙大化之机，视人如物而忽视其气化之精神，此则较之中国医药，似有逊色，若能截长补短，互相融化于一炉，苟日新而日日新之，岂仅为民族之光，进而可为人群世界造大幸福，则所谓自亲亲，自仁民，而及于爱物直致于大同之世者，实有厚望焉。

吾愧才疏学浅，有志于医药而限于智力所未能，今因此书编者坐索为言，乃不辞谫陋，略抒鄙见所及之处为论其概要，并引大医孙思邈真人之言以证吾知。如云："为大医者，须妙解阴阳禄命诸家相法，及灼龟五兆，周易六壬，并须精熟，若不尔者，如无目夜游，动致颠殒。又须涉猎群书，何者？若不读五经，不知有仁义之道，不读三史，不知有古今之事，不读诸子，睹事则不能默而识之，不读内典，则不知有慈悲喜舍之德，不读庄老，不能任运体真，则吉凶拘忌，触途而生，至于五行休壬，七曜天文，并须探赜，若能具而学之，则于医道无所滞碍，尽善尽美矣。"苟医能若此，则其为儒为道，实不得而分，直为圣人之智，吾不得而识其精微博大之涯际矣。是为序。时岁在庚子，月在太簇。

（南怀瑾序于台北）

《历史的经验》（一）前言

历史本来就是人和事经验的记录，换言之：把历代人和事的经验记录下来，就成为历史。读历史有两个方向：

一是站在后世——另一个时代，另一种社会形态，另一种生活方式，从自我的主观习惯出发，而又自称是客观的观点去看历史，然后再整理那一个历史时代的人事——政治、经济、社会、教育、军事、文学、艺术等各个不同的角度去评论它、歌颂它，或讥刺它。这种研究，尽管说是客观的批判，其实，始终是有主观的成见，但不能说不是历史。

二是从历史的人事活动中，撷取教训，学习古人做人临事的经验，作为自己的参考，甚之，藉以效法它、模仿它。中国自宋代开始，极有名的一部历史巨著，便是司马光先生的《资治通鉴》。顾名思义，司马先生重辑编著这一部历史的方向，其重点是正面针对给皇帝们——领导人和领导班子们的政治教育必修的参考书。所谓"资治"的涵义，是比较谦虚客气的用词。资，是资助——帮助的意思。治，便是政治。合起来讲，就是拿古代历史盛衰成败的资料，帮助你走上贤良政治、清明政治的一部历史经验。因此，平常对朋友们谈笑，你最喜欢读《资治通鉴》意欲何为？你想做一个好皇帝，或是做一个顶天立地的大臣和名臣吗？当然，笑话归笑话，事实上，《资治通鉴》就是这样一部历史的书。

我讲《历史的经验》，时在一九七五年春夏之间，在一个偶然的机会，一时兴之所至，信口开河，毫无目的，也无次序的信手拈来，随便和"恒庐"的一般有兴趣的朋友谈谈,既不从学术立场来讨论历史,更无所谓学问。等于古老农业社会三家村里的落第秀才,潦倒穷酸的老学究,在瓜棚豆架下,开讲《三国演义》《封神榜》等小说,赢得大众化的会心思忖而已。不料因此而引起许多读者的兴趣,促成老古文化出版公司搜集已经发表过的一部分讲稿,编排付印,反而觉得有欺世盗名的罪过,因此,联想到顾祖禹的一首诗说:"重瞳帐下已知名,隆准军中亦漫行。半世行藏都是错,如何坛上会谈兵。"我当忏悔。

(一九八五年端阳,台北)

《历史的经验》（二）前记

吾国学术，自汉武帝罢黜百家，独尊儒术，千载以还，致使百家之文，多流散佚。诸子之说，视若异端。此风至宋、明尤炽。然纵观两千余年史迹，时有否泰，势有合分。其间拨乱反正之士，盛平拱默之时，固未特以儒术鸣也。明陈恭尹读《秦纪》有言："谤声易弭怨难除，秦法虽严亦甚疏。夜半桥边呼孺子，人间犹有未烧书。"盖指张良受太公兵法于圯下，佐高祖一统天下也。近世梁启超先生，治学有宗。亦以忧世感时，愤儒家之说，难济艰危，曾赋言以寄："六鳌摇动海山倾，谁入沧溟斩巨鲸。括地无书思补著，倚天有剑欲长征。抗章北阙知无用，纳履南山恐不成。我欲青溪寻鬼谷，不论礼乐但论兵。"目今世局纷纷，人心糜诈。动关诡谲，道德夷凌。故谋略一词，不仅风行域外，即国内亦萍末飓风，先萌朕兆。波澜既起，防或未迟，故有不得已于言者。

史迁尝论子贡曰："田常欲作乱于齐，惮高国鲍晏，故移其兵，欲以伐鲁。孔子闻之，谓门弟子曰：夫鲁，坟墓所处，父母之国。国危如此，二三子何为莫出？子贡请行，孔子许之。……故子贡一出，存鲁，乱齐，破吴，强晋而霸越。子贡一使，使势相破，十年之中，五国各有变。"又曾子亦有言："用师者王，用友者霸，用徒者亡。"夫二子者，孔门高弟，儒林称贤。审曾子之言，析子贡之术，皆钩距之宗纲，长短术时用也。故时有常变，势有顺逆，事有经权。若谓儒学皆经，是乃书生之管见，自期期以为不可。此其一。

谋略之术，与人俱来。其学无所不包，要在人、事两端。稽诸历史，亦人也，亦事也。入世之学，有出于人、事者乎？其用在因势利导，顺以推移。故又名"长短术"，或曰"钩距术"，亦称"纵横术"，皆阴谋也。阴者，暗也，险也，柔也。故为道之所忌，不得已而用之。"君子得之固穷，小人得之伤命。"若无深厚之道德以为基，苟用之，未有不自损者也。故苏秦殒身，陈平绝后。史迹昭昭，因果不昧，可不慎哉。此其二。

近世教育方针，受西风影响至巨。启蒙既乏应对之宜，罔知立己修身之本。深研复无经济之学，昧于应世济人之方。无情岁月，数纸文凭。有限年华，几场考试。嗟呼！一士难求，才岂易得。故大风思猛士，大厦求良材。此千古一调，百世同所浩叹也。或云时代之流风，岂非人谋之不臧。廿世纪末世界文化趋向，起复于东方，历史循环反复，殆无疑义。既光固有文化，岂限一尊？欲建非常功事，何妨并臻。此其三。

老子有言："以正理国，以奇用兵，以无事取天下。"际此太白经天，兵氛摇曳。爰检《素书》、《太公兵法》（俗称三略，古之玉钤），详为阐述。或旁徵博采，用明其体。或记事论人，欲证其用。总君臣师三道之菁英，概三千年来历史之事。或奇或正，亦经亦权。非为自诩知见，但祈逗诱来机。只眼既具，或可直探骊珠，会之于心。倘能以德为基，具出尘之胸襟而致力乎入世之事业，因时顺易，功德岂可限量哉！

是书讲述之时，有客闻见之而谓曰："三略之书，虽云太公、黄石所传，亦有谓宋相张商英所撰，考之皆系伪托，子以盲接引，穷极神思，得毋空劳乎？"师笑曰："子之论似是而非。昔者，林子超先生喜藏字画，然多赝品，人莫能辨。有识者诘之，则答曰：'书画用娱心目，广胸次，消块垒。虽赝品，其艺足以匹真，余玩之，心胸既畅，虽然赝，庸何伤哉？'余爱其言也。"客称善焉。

（一九七五年南怀瑾先生讲述，冯道元记于台北）

《正统谋略学汇编初辑》前言

谋略之学,道家所长,儒者所忌。道家喜谈兵而言谋略,儒者揭仁义而力治平。道家如良医诊疾,谈兵与谋略,亦其处方去病之药剂,故世当衰变,拨乱反正,舍之不为功。儒者如农之种植,春耕秋割,时播百谷而务期滋养生息,故止戈而后修齐以致治平,舍此而莫由。若时势疾病,不事药剂之疗治则病将何瘳。如药到病除,则此牛溲马勃皆可藏之他山,封之后世,但知而不用,唯事休养生息而已矣。然则,儒道虽异其治,而其致同归也。今者老古出版社有鉴于侈言谋略之多歧也,思从传统文化儒道两家之古籍中,择其有益于拨乱反正之思维者而为书,嘱为拣选;乃就今古简册,随手成编,作此初辑,或有匡于思益,并以就正于方家云尔。是为之言。

(一九七八年端阳,台北)

毛宗岗批《三国演义》前介

昔人云："孔子作《春秋》，而乱臣贼子惧。"而孔子则自言："知我者《春秋》，罪我者《春秋》。"作《春秋》而何罪之有？此为千古一大疑情，一大话头。吾人幼时读《春秋》、《左传》，而耆年硕学者则告诫曰："少年不宜读《左传》"，恐因此而误入歧途；吾辈后生小子，则相讥谓：然则，何以关云长读《春秋》，俗世反称为武圣，美髯公真为《春秋》所误耶！此亦一大疑情，一大话头。大可一参。

先民遗产古籍中之有《春秋》《左传》《战国策》等著作，诚皆为可读而不可读之书；可读者，以其叙述历史人与事之险阻艰难，情伪得失，波诡云幻，变化莫测，实为壮观。其不可读者，人能观今鉴古而克己为圣为贤为善者难；人而读书而有知识，学足杂济其奸，文足掩饰其过，反而资助于为非为恶者易。由此而知孔子自叹罪我者《春秋》之言，则爽然而尽释疑情矣。

泛观秦汉以后历经魏、晋而南北朝之历史人物，慧黠者口说《春秋》大义而阴用《左传》《国策》之权谋者，代不乏人，尤其以魏蜀吴之三国局势，最为显著。于是初唐之际，而有赵蕤著《长短经》之作，评议古今，昭示正反之旨，其于三国权谋，尤所议论。自此以后，宋、元则误于理学之清谈，以积弱为能事而已。

顺沿而至明末，则有李卓吾辈之崛起，攻讦历史，揭橥用经用权之淡，骚然于学术之林；一变再变，复有冯梦龙等《古今谭概》《智囊补》等之作，杨慎修《廿一史弹词》以及明末清初金圣叹评论说部之谈，言赅意长，借词比事，往往深含夫子微言大义之旨，以示权谋韬略之可用与不可用，以彰善善恶恶之分齐，必须慎思明辨，方能得其圜中。

至若清初毛宗岗批《三国演义》之词，据称为金圣叹同意之作，事实为何，不得而考。但其批语，虽为说部小品，而涵义深远，足发《左传》《国策》谋略之旨要，诚为三百年来不可多得之慧解。惜乎历来被埋没于《三国演义》本事之外，而为明眼者所忽略，殊为可慨。今由老古文化出版公司特为汇集成为专书，俾世之讲谋略者，藉此可发深省，则为幸甚。

（一九八五年端阳，台北）

经义之部

《楞严大义今释》叙言

（一）

在这个大时代里，一切都在变，变动之中，自然乱象纷陈。变乱使凡百俱废，因之，事事都须从头整理。专就文化而言，整理固有文化，以配合新时代的要求，实在是一件很重要的事情。那是任重而道远的，要能耐得凄凉，甘于寂寞，在默默无闻中，散播无形的种子。耕耘不问收获，成功不必在我。必须要有香象渡河，截流而过的精神，不辞艰苦的做去。

历史文化，是我们最好的宝镜，观今鉴古，可以使我们在艰苦的岁月中，增加坚毅的信心。试追溯我们的历史，就可以发现每次大变乱中，都吸收了外来的文化，融合之后，又有一种新的光芒产生。我们如果将历来变乱时代加以划分，共有春秋战国、南北朝、五代、金元、清朝等几次文化政治上的大变动，其间如南北朝，为佛教文化输入的阶段，在我们文化思想上，经过一段较长时期的融化以后，便产生盛唐一代的灿烂光明。五代与金元时期，在文化上，虽然没有南北朝时代那样大的变动，但欧亚文化交流的迹象却历历可寻。而且中国文化传播给西方者较西方影响及于中国者为多。自清末至今百余年间，西洋文化随武力而东来，激起我们文化政治上的一连串的变革，启发我们实验实践的欲望。科学一马当先，几乎有一种趋势，将使宗教与哲学，文学与艺术，都成为它的附庸。这乃是必然的现象。我们的固有文化，在和西洋文化互相冲突后，由冲突而交流，由交流而互相融化，继之而来的一定是另一番照耀世界的新气象。目前的一切现象，乃是变化中的过程，而不是定局。但是在这股冲荡的急流中，我们既不应随波逐流，更不要畏惧趑趄。必须认清方向，把稳船舵，此时此地，应该各安本位，无论在边缘或在核心，只有勤慎明敏的各尽所能，做些整理介绍的工作。这本书的译述，便是本着这个愿望开始，希望人们明了佛法既不是宗教的迷信，也不是哲学的思想，更不是科学的囿于现实的有限知识。但是却可因之而对于宗教哲学和科学获得较深刻的认识，由此也许可以得到一些较大的启示。

（二）

依据西洋文化史的看法，人类由原始思想而形成宗教文化，复由于对宗教的反动，而有哲学思想和科学实验的产生。哲学是依据思想理论来推断人生和宇宙，科学则系从研究实验来证明宇宙和人生。所以希腊与罗马文明，都有它划时代的千秋价值。自欧洲文艺复兴运动以后，科学支配着这个世界，形成以工商业为重心的物质文明。一般从表面看来，科学领导文明的进步，唯我独尊，宗教和哲学，将无存在的价值。事实上，科学并非万能，物质文明的进步，并不就是文化的升华。于是在这科学飞跃进步的世界中，哲学和宗教，仍有其不可忽视的价值。

佛教，虽然也是宗教，但是一种具有高深的哲学理论和科学实验的宗教。它的哲学理论常常超出宗教范畴以外，所以也有人说佛教是一种哲学思想，而不是宗教。佛教具有科学的实证方法，但是因为它是从人生本位去证验宇宙，所以人们会忽略它的科学基础，而笼统的将它归之于宗教。可是事实上，佛教确实有科学的证验，及哲学的论据。它的哲学，是以科学为基础，去否定狭义的宗教；它的科学，是用哲学的论据，去为宗教做证明。《楞严经》为其最显著者。研究《楞严经》后，对于宗教、哲学和科学，都将会有更深刻的认识。

（三）

世间一切学问，大至宇宙，细至无间，都是为了解决身心性命的问题。也就是说，都是为了研究人生。离开人生身心性命的研讨，便不会有其他学问的存在。《楞严经》的开始，就是讲身心性命的问题。它从现实人生基本的身心说起，等于是一部从心理生理的实际体验，进而达致哲学最高原理的纲要。它虽然建立了一个真心自性的假设本体，用来别于一般现实应用的妄心，但却非一般哲学所说的纯粹唯心论。因为佛家所说的真心，包括了形而上和万有世间的一切认识与本体论。可以从人人身心性命上去实验证得，并且可以拿得出证据。不只是一种思想论辩。举凡一切宗教的，哲学的，心理学的或生理学的矛盾隔阂，都可以自其中得到解答。

人生离不开现实世间，现实世间形形色色的物质形器，究竟从何而来？这是古今中外人人所要追寻的问题。彻底相信唯心论者，事实上并不能摆脱物质世间的束缚。相信唯物论者，事实上随时随地应用的，仍然是心的作用。哲学把理念世界与物理世界勉强分作两个，科学却认为主观的世界以外，另有一个客观世界的存在。这些理论总是互相矛盾，不能统一。可是早在二千多年前，《楞严经》便很有条理、有系统地讲明心物一元的统一原理，而且不仅是一种思想理论，乃是基于我们的实际心理生理情形，加以实验证明。《楞严经》说明物理世界的形成，是由于本体功能动力所产生。因为能与量的互变，构成形器世间的客观存在；但是真如本体也仍然是个假名。它从身心的实验去证明物理世界的原理，又从物理的范围，指出身心解脱实验的理论和方法。现代自然科学的理论，大体都与它相吻合。若干年后，如果科学与哲学能够再加进步，对于《楞严经》上的理论，将会获得更多的了解。

《楞严经》上讲到宇宙的现象，指出时间有三位，空间有十位。普通应用，空间只取四位。三四四三，乘除变化，纵横交织，说明上下古今，成为宇宙万有现象变化程序的中心。五十五位和六十六位的圣位建立的程序，虽然只代表身心修养的过程；事实上，三位时间和四位空间的数理演变，也说明了宇宙万有，只是一个完整的数理世界。一点动随万变，相对基于绝对而来，矛盾基于统一而生，重重叠叠，所以有物理世界和人事世间错综复杂的关系存在。数理是自然科学的锁钥，从数理之中，发现很多基本原则，如果要了解宇宙，从数理中，可以得到惊人的指示。目前许多自然科学不能解释证实的问题，如果肯用科学家的态度，就《楞严经》中提出的要点，加以深思研究，必定会有所得。若是只把它看作是宗教的教义，或是一种哲学理论而加以轻视，便是学术文化界的一个很大不幸了。

（四）

再从佛教的立场来讨论《楞严》，很久以前就有一个预言流传着。预言《楞严经》在所有佛经中是最后流传到中国的。而当佛法衰微时，它又是最先失传的。这是预言，或是神话，姑且不去管它。但在西风东渐以后，学术界的一股疑古风气，恰与外国人处心积虑来破坏中国文化的意向相呼应。《楞严》与其他几部著名的佛经，如《圆觉经》《大乘起信论》等，便最先受到怀疑。民国初年，有人指出《楞严》是一部伪经。不过还只是说它是伪托佛说，对于真理内容，却没有轻议。可是近年有些新时代的佛学研究者，竟干脆认为《楞严》是一种真常唯心论的学说，和印度的一种外道的学理相同。讲学论道，一定会有争端，固然人能修养到圆融无碍，无学无诤，是一种很大的解脱，但是为了本经的伟大价值，使人有不能已于言者。

说《楞严经》是伪经的，近代由梁启超提出。他认为，第一，本经译文体裁的美妙，和说理的透辟，都不同于其他佛经，可能是后世禅师们所伪造。而且执笔的房融，是武则天当政时遭贬的宰相。武氏好佛，曾有伪造《大云经》的事例。房融可能为了阿附其好，所以才奉上翻译的《楞严经》，为的是重邀宠信。此经呈上武氏以后，一直被收藏于内廷，当时民间并未流通，所以说其为伪造的可能性很大。第二，《楞严经》中谈到人天境界，其中述及十种仙，梁氏认为根本就是有意驳斥道教的神仙，因为该经所说的仙道内容，与道教的神仙，非常相像。

梁氏是当时的权威学者，素为世人所崇敬。他一举此说，随声附和者，大有人在。固然反对此说者也很多，不过都是一鳞半爪的片段意见。一九五三年《学术》季刊第五卷第一期，载有罗香林先生著的《唐相房融在粤笔受首楞严经翻译考》一文。列举考证资料很多，态度与论证，也都很平实，足可为这一种学案的辨证资料。我认为梁氏的说法，事实上过于臆测与武断。因为梁氏对佛法的研究，为时较晚，并无深刻的工夫和造诣。试读《谭嗣同全集》里所载的任公对谭公诗词关于佛学的注释便知。本经译者房融，是唐初开国宰相房玄龄族系，房氏族对于佛法，素有研究，玄奘法师回国后的译经事业，唐太宗都交与房玄龄去办理。房融对于佛法的造诣和文学的修养，家学渊源，其所译经文自较他经为优美，乃是很自然的事；倘因此就指斥他为阿谀武氏而伪造《楞严》，未免轻率入人于罪，那是万万不可的。与其说《楞严》辞句太美，有伪造的嫌疑，毋宁说译者太过重于文学修辞，不免有些地方过于古奥。

依照梁氏第一点来说：我们都知道藏文的佛经，在初唐时代，也是直接由梵文翻译而成，并非取材于内地的中文佛经。藏文佛经里，却有《楞严经》的译本。西藏密宗所传的"大白伞盖咒"，也就是"楞严咒"的一部分。这对于梁氏的第一点怀疑，可以说是很有力的解答。至于说《楞严经》中所说的十种仙，相同于道教的神仙，那是因为梁氏没有研究过印度婆罗门和瑜伽术的修炼方法，中国的神仙方士之术，一部分与这两种方法和目的，完全相同。是否是殊途同归，这又是学术上的大问题，不必在此讨论。但是仙人的名称及事实，和罗汉这个名词一样，并不是释迦佛所创立。在佛教之先，印度婆罗门的沙门和瑜伽士们，已经早有阿罗汉或仙人的名称存在。译者就我们传统文化，即以仙人名之，犹如唐人译称佛为大觉金仙一样。绝不可以将一切具有神仙之名实者，都搜为我们文化的特产。这对于梁氏所提出的第二点，也是很有力的驳斥。

而且就治学方法来说，疑古自必须考据，但是偏重或迷信于考据，则有时会发生很大的错误和过失。考据是一种死的方法，它依赖于或然性的陈年往迹，而又根据变动无常的人心思想去推断。人们自己日常的言行和亲历的事物，因时间空间世事的变迁，还会随时随地走了样，何况要远追昔人的陈迹，以现代观念去判断环境不同的古人呢？人们可以从考据方法中求得某一种知识，但是智慧并不必从考据中得来，它是要靠理论和实验去证得的。如果拼命去钻考据的牛角尖，很可能流于矫枉过正之弊。

说《楞严经》是真常唯心论的外道理论，这是晚近二三十年中新佛学研究派的论调。持此论者只是在研究佛学，而并非实验修持佛法。他们把佛学当作学术思想来研究，却忽略了有如科学实验的修证精神。而且这些理论，大多是根据日本式的佛学思想路线而来，在日本，真正佛法的精神早已变质。学佛的人为了避重就轻，曲学取巧，竟自舍本逐末，实在是不智之甚。其中有些甚至说禅宗也是根据真常唯心论，同样属于神我外道的见解。实际上，禅宗重在证悟自性，并不是证得神我。这些不值一辩，明眼人自知审择。《楞严》的确说出一个常住真心，但是它也明白解说了那是为的有别于妄心而勉强假设的，随着假设，立刻又提醒点破，只要仔细研究，就可以明白它的真义。举一个扼要的例来说，如本经佛说的偈语："言妄显诸真，真妄同二妄。"岂不是很明显地证明《楞严》并不是真常唯心论吗？总之，痴慢与疑，也正是佛说为大智慧解脱积重难返的障碍；如果纯粹站在哲学研究立场，自有他的辩证、怀疑、批判的看法。如果站在佛法的立场，就有些不同了。学佛的人若不首先虚心辨别，又不肯力行证验，只是人云亦云，实在是很危险的偏差。佛说在我法中出家，却来毁我正法，那样的人才是最可怕的。

（五）

生在这个时代里，个人的遭遇，和世事的动乱，真是瞬息万变，往往使人茫然不知所之。整个世界和全体人类，都在惶惶不可终日的夹缝里生活着。无论是科学、哲学和宗教，都在寻求人生的真理，都想求得智慧的解脱。这本书译成于拂逆困穷的艰苦岁月中，如果读者由此而悟得真实智慧解脱的真理，使这个颠倒梦幻似的人生世界，能升华到恬静安乐的真善美之领域，就是我所馨香祷祝的了。

关于本书译述的几点要旨，也可以说是凡例，并此附志于后：

凡　例

（1）本书只取《楞严经》的大意，用语体述明，以供研究者的参考，并非依据每一文句而译。希望由本书而通晓原经的大意，减少文字与专门术语的困难，使一般人都能理解。

（2）特有名辞的解释，力求简要明白；如要详解，可自查佛学辞典。

（3）原文有难舍之处，就依旧引用，加''号以分别之。遇到有待疏解之处，自己加以疏通的意见，就用（ ）号，表明只是个人一得的见解，提供参考而已。

（4）本书依照现代方式，在眉批处加注章节，既为了便利于一般的阅读习惯，同时也等于给《楞严经》列出一个纲要。只要一查目录，就可以明了各章节的内容要点，并且对全部《楞严》大意，也可以有一个概念了。

（5）关于《楞严经》原文的精义，与修持原理方法有连带关系者，另集为《楞严法要串珠》一篇，由杨管北居士发心恭录制版附后，有如从酥酪中提炼出醍醐，尝其一滴，便得精华。

（6）本书译述大意，只向自己负责，不敢说就是佛的原意。读者如有怀疑处，还请仔细研究原经。

（7）为了小心求得正确的定本，本书暂时保留版权，以便于汇集海内贤智大德的指正。待经过慎审考订，决定再无疑义时，版权就不再保留，俾广流通。

（一九六〇年，台北）

附一：

楞严法要串珠

当知一切众生。从无始来。生死相续。皆由不知常住真心。性净明体。用诸妄想。此想不真。故有轮转。内守幽闲。犹为法尘分别影事。昏扰扰相。以为心性。一迷为心。决定惑为色身之内。不知色身外洎山河虚空大地。咸是妙明真心中物。譬如澄清百千大海。弃之。唯认一浮沤体。目为全潮。穷尽瀛渤。若能转物。则同如来。身心圆明。不动道场。于一毫端。遍能含受十方国土。离一切相。即一切法。见见之时。见非是见。见犹离见。见不能及。殊不能知生灭去来。本如来藏。常住妙明。不动周圆。妙真如性。性真常中。求于去来迷悟生死。了无所得。当知了别见闻觉知。圆满湛然。性非所从。兼彼虚空地水火风。均名七大。性真圆融。皆如来藏。本无生灭。一切世间诸所有物。皆即菩提妙明元心。心精遍圆。含裹十方。反观父母所生之身。犹彼十方虚空之中。吹一微尘。若存若亡。如湛巨海。流一浮沤。起灭无从。背觉合尘。故发尘劳。有世间相。而如来藏唯妙觉明。圆照法界。是故于中一为无量。无量为一。小中现大。大中现小。不动道场。遍十方界。身含十方无尽虚空。于一毫端。现宝王刹。坐微尘里。转大法轮。灭尘合觉。故发真如妙觉明性。心中狂性自歇。歇即菩提。胜净明心。本周法界。不从人得。随拔一根。脱黏内伏。伏归元真。发本明耀。诸余五黏。应拔圆脱。不由前尘所起知见。明不循根。寄根明发。由是六根互相为用。若弃生灭。守于真常。常光现前。根尘识心。应时销落。想相为尘。识情为垢。二俱远离。则汝法眼应时清明。云何不成无上知觉。知见立知。即无明本。知见无见。斯即涅槃无漏真净。于外六尘。不多流逸。因不流逸。旋元自归。尘既不缘。根无所偶。反流全一。六用不行。十方国土。皎然清净。譬如琉璃。内悬明月。身心快然。获大安稳。一切如来密圆净妙。皆现其中。是人即获无生法忍。当知虚空生汝心内。犹如片云点太清里。况诸世界。在虚空耶。汝等一人发真归元。此十方空。皆悉销殒。圆明精心。于中发化。如净琉璃。内含宝月。圆满菩提。归无所得。生因识有。灭从色除。理则顿悟。乘悟并销。事非顿除。因次第尽。

附二：

五阴解脱次第法要

汝坐道场。销落诸念。其念若尽。则诸离念一切精明。动静不移。忆忘如一。当住此处。入三摩提。如明目人。处大幽暗。精性妙净。心未发光。此则名为色阴区宇。若目明朗。十方洞开。无复幽黯。名色阴尽。是人则能超越劫浊。观其所由。坚固妄想以为其本。

彼善男子。修三摩提。奢摩他中。色阴尽者。见诸佛心。如明镜中。显现其像。若有所得而未能用。犹如魇人。手足宛然。见闻不惑。心触客邪而不能动。此则名为受阴区宇。若魇咎歇。其心离身。反观其面。去住自由。无复留碍。名受阴尽。是人则能超越见浊。观其所由。虚明妄想以为其本。

彼善男子。修三摩提。受阴尽者。虽未漏尽。心离其形。如鸟出笼。已能成就。从是凡身。上历菩萨六十圣位。得意生身。随往无碍。譬如有人。熟寐寱言。是人虽则无别所知。其言已成音韵伦次。令不寐者。咸悟其语。此则名为想阴区宇。若动念尽。浮想消除。于觉明心。如去尘垢。一伦生死。首尾圆照。名想阴尽。是人则能超烦恼浊。观其所由。融通妄想以为其本。

彼善男子。修三摩提。想阴尽者。是人平常梦想消灭。寤寐恒一。觉明虚静。犹如晴空。无复粗重。前尘影事。观诸世间大地山河。如镜鉴明。来无所粘。过无踪迹。虚受照应。了罔陈习。唯一精真。生灭根元。从此披露。见诸十方十二众生。毕殚其类。虽未通其各命由绪。见同生基。犹如野马。熠熠清扰。为浮根尘究竟枢穴。此则名为行阴区宇。若此清扰熠熠元性。性入元澄。一澄元习。如波澜灭。化为澄水。名行阴尽。是人则能超众生浊。观其所由。幽隐妄想以为其本。

彼善男子。修三摩提。行阴尽者。诸世间性。幽清扰动。同分生机。倏然隳裂。沈细纲纽。补特伽罗。酬业深脉。感应悬绝。于涅槃天。将大明悟。如鸡后鸣。瞻顾东方。已有精色。六根虚静。无复驰逸。内外湛明。入无所入。深达十方十二种类。受命元由。观由执元。诸类不召。于十方界。已获其同。精色不沉。发现幽秘。此则名为识阴区宇。若于群召已获同中。销磨六门。合开成就。见闻通邻。互用清净。十方世界。及与身心。如吠琉璃。内外明彻。名识阴尽。是人则能超越命浊。观其所由。罔象虚无。颠倒妄想以为其本。

汝等存心。秉如来道。将此法门。于我灭后。传示末世。普令众生觉了斯义。无令见魔。自作沈孽。保绥哀救。销息邪缘。令其身心入佛知见。从始成就。不遭歧路。

精真妙明。本觉圆净。非留死生。及诸尘垢。乃至虚空。皆因妄想之所生起。斯元本觉妙明精真。妄以发生诸器世间。如演若多。迷头认影。妄元无因。于妄想中。立因缘性。迷因缘者。称为自然。彼虚空性。犹实幻生。因缘自然。皆是众生妄心计度。阿难。知妄所起。说妄因缘。若妄元无。说妄因缘。元无所有。何况不知。推自然者。是故如来与汝发明。五阴本因。同是妄想。

是五受阴。五妄想成。汝今欲知因界浅深。唯色与空。是色边际。唯触及离。是受边际。唯记与忘。是想边际。唯灭与生。是行边际。湛入合湛。归识边际。此五阴元。重叠生起。生因识有。灭从色除。理则顿悟。乘悟并销。事非顿除。因次第尽。

一九七八年正月，岁次戊午，适余掩室已过一年之期，老古出版社亦已成立一年，乃发起重印《楞严大义》第五版，决心增排原经文相互对照，便利读者之研究查证。当经编辑部同仁李淑君、张明真、戴玉娟校定。原文采用慧因法师所编《楞严经易读简注》之版本为准，校以台湾印经处历年影印昔日上海佛学书局版本，互相资证，然后统由戴玉娟悉心校排，费时三月余，方蒇其事。

　　今当其送审之际，有感专事修证佛法者之歧路，特将第九、第十两卷中。"五阴解脱次第"之法要，增辑于初译完稿时所缀《串珠》之后，以期有利末法时世之依法行者，是所祈顾。谨以此志胜缘。

（一九七八年，台北）

《楞严大义今释》后记

芸芸众生,茫茫世界,无论入世或出世的。一切宗教,哲学,乃至科学等,其最高目的,都是为了追求人生和宇宙的真理。但真理必是绝对的,真实不虚的,并且是可以由智慧而寻思求证得到的。因此世人才去探寻宗教的义理,追求哲学的睿思。我也曾经为此努力多年,涉猎的愈多,怀疑也因之愈甚。最后,终于在佛法里,解决了知识欲求的疑惑,才算心安理得。但佛经浩如烟海,初涉佛学,要求得佛法中心要领,实在无从着手。有条理,有系统,而且能够概括佛法精要的,只有《楞严经》,可算是一部综合佛法要领的经典。明儒推崇此经,曾有"自从一读《楞严》后,不看人间糟粕书"的颂辞,其伟大价值可以概见。然因译者的文辞古奥,使佛法义理,愈形晦涩,学者往往望而却步。多年以来,我一直期望有人把它译为语体,普利大众。为此每每鼓励朋辈,发愤为之。但以高明者既不屑为,要做的又力有未逮,这个期望遂始终没有实现。

避世东来,匆匆十一寒暑,其间曾开《楞严》讲席五次,愈觉此举的迫切需要。去年秋末的一个晚上,讲罢《楞严》,台湾大学助教徐玉标先生,与师范大学巫文芳同学,同在我斗室内闲谈,又讲到这个问题。他们希望我亲自动手译述,我说自己有三个心戒,所以迟延至今。第一,译述经文,不可冒昧恃才。尤其佛法,首先重在实证,不能但作学术思想来看。即或证得实相,又须仰仗文字以达意。所以古人对于此事,曾有一句名言,谓"依文解义,三世佛冤。离经一字,允为魔说"。如唐代宗时,一供奉谒慧忠国师,自云要注《思益经》。国师说，要注经必须会得佛意。他说：不会佛意，何以注经。国师就命侍者盛一碗水，中间放七粒米，碗面安一支箸，问他是什么意？他无语可对。国师说：你连老僧意都不会，何况佛意？由此可见注经的不易。我也唯恐佛头着粪，不敢率尔操觚。第二，从前受蜀中一前辈学者嘱咐云：人心世道，都由学术思想而转移。文字是表达学术思想的利器，可以利人，亦可以害人。聪明的思想，配合动人的文辞，足可鼓舞视听，成名一时。但现在世界上邪说横行，思想紊乱，推原祸始，都是学术思想制造出来的。如果没有真知灼见，切勿只图一时快意，舞文弄墨。从此我对文字就非常戒惧，二十年来，无论处在何种境遇，总是只求潜修默行。中间一度，几乎完全摒弃文字而不用，至于胸无点墨之境。现在前人虽已作古，但言犹在耳，还是拳拳服膺，不敢孟浪。第三，向来处事习惯，既经决定方针，必竭全力以赴。自参究心宗以后，常觉行业不足。习静既久，耽嗜疏懒为乐。偶或动写作兴趣，就会想到德山说的："穷诸玄辩，如一毫置于太虚。彻世机枢，似一滴投于巨壑。"便又默然搁笔了。徐、巫二位听了，认为是搪塞的遁词，遂说但要我来口述，他们当下记录，以免我写作的麻烦。我想这样可以试而为之，就随便答应下来。起初是把每句文辞意义，逐字逐句翻成白话，所以字斟句酌，不胜其繁。过了三天，萧正之先生来访，又谈到此事。他认为佛法被人误解，也正如其他宗教一样，病在不肯脱掉宗教神秘的色彩，所以不能学术化，大众化。不如撷取其精华，发挥其要义，比较容易使人了解。我同意他的意见，为切合时代的要求，就改了方式，但用语体来述说它的大义，而且尽可能纯粹保留原文字句的意义。糅合翻译和解释两种作用，定名为《楞严大义讲话》。而徐、巫二位，因学校开学事忙，不能兼顾，我只有自己担起这副担子。起初预计三个月可以全部完成，不料日间忙于俗务和宾客酬应，必须到深夜更阑，方能灯前执笔。虽然每至连宵不寐，仍然拖到今年初夏，才得完成全稿。

每一事的成功，却须仰仗许多助缘。这本书的完成，也不外此例。当我写了一半的时候，杨管北居士闻知此事，即发心共同完成此一愿望，预定由他集资印出赠送，以广弘扬。对篇章编排方面，他并且提供了若干意见，这对于本书顺利问世，是一有力的助缘。刘世纶（叶曼）也立志襄助此事，在此半年期间，朝夕为之校阅原经和译稿，虽风雨而无阻。每因一字一句地斟酌，往返商量数次方定。虽值出国行期匆促，仍于百忙中竟成其事。其他如杨啸伊夫妇为之安排稿纸。韩长沂居士为之誊清全稿，查考注释，并自动发心负总校对之责。所以在印刷校对方面，我可以省却许多心力。有这许多自发的至诚，乃益增加我的努力。程沧波先生又为总阅原稿一遍，并为文跋其后，且提议改为今名，在此同致谢意。此外，去年秋间，张起钧教授赴美国华盛顿大学讲学之先，曾留赠名笔一枝，希望他返国之时，能够看到我一部著作。虽然没有写出如他所预期的那本书，但这本书的完成，曾数易其稿，都用这支笔来写成，也可说是不负其所望，故志之以为纪念。张翰书教授、朱亚贤居士、巫文芳小友、邵君圆舫、龚君健群，有的协助抄写，有的分神校阅，或多或少，都贡献过心力，并笔之以志胜缘之难得。萧天石、鲁宽缘两位居士，曾提议要附印原经，以便读者对照研究。但因印刷不便，所以未能依照他们的雅教，谨致歉意。最后，接洽印刷事务，多蒙妙然、悟一两位法师的帮忙，感谢无量。

这本书的译述，只能算是一得之见，一家之言，不敢说是完全符合原经意旨。但开此风气之先，作为抛砖引玉。希望海内外积学有道之士，因此而有更完善的译本出现，以阐扬内典的精英，为新时代的明灯，庶可减少我狂妄的罪责。这诚是我薰香沐祷，衷心引领企望的。乃说偈曰：

白话出,《楞经》没。愿其不灭,故作此说。
为世明灯,照百千劫。无尽众生,同登觉阙。

(一九六〇年孟秋,台北)

《楞伽大义今释》自叙

（一）

《楞伽经》，它在全部佛法与佛学中，无论思想、理论或修证方法，显见都是一部很主要的宝典。中国研究法相唯识的学者，把它列为"五经十一论"的重心，凡有志唯识学者，必须要熟悉深知。但注重性宗的学者，也势所必读，尤其标榜传佛心印、不立文字的禅宗，自达摩大师东来传法的初期，同时即交付《楞伽经》印心，所以无论研究佛学教理，或直求修证的人，对于《楞伽经》若不作深入的探讨，是很遗憾的事。

《楞伽》的译本，共有三种：

（1）宋译（公元四四三年间刘宋时代）：求那跋陀罗翻译的《楞伽阿跋多罗宝经》，计四卷。

（2）魏译（公元五一三年间）：菩提流支翻译的《入楞伽经》，计十卷。

（3）唐译（公元七〇〇年间）：实叉难陀翻译的《大乘入楞伽经》，计七卷。

普通流行法本，都以宋译为准。

本经无论哪种翻译，义理系统和文字结构，都难使人晓畅了达。前人尽心竭力，想把高深的佛理，译成显明章句，要使人普遍明白它的真义，而结果愈读愈难懂，岂非背道而驰，有违初衷。有人说，佛法本身，固然高深莫测，不可思议，但译文的艰涩，读之如对海上三山，可望而不可即，这也是读不懂《楞伽经》的一个主要原因。其实，本经的难通之处，也不能完全归咎于译文的晦涩，因为《楞伽》奥义，本为融通性相之学，指示空有不异的事理，说明理论与修证的实际，必须通达因明（逻辑），善于分别法相，精思入神，归于第一义谛。同时要从真修实证入手，会之于心，然后方可探骊索珠，窥其堂奥。

无论中西文化，时代愈向上推，所有圣哲的遗教，大多是问答记录，纯用语录体裁，朴实无华，精深简要。时代愈向后降，浮华愈盛，洋洋洒洒，美不胜收，实则有的言中无物，使人读了就想忘去为快。可是习惯于浮华的人，对于古典经籍，反而大笑却走，真是不笑不足以为道了。《楞伽经》当然也是问答题材的语录体裁，粗看漫无头绪，不知所云，细究也是条分缕析，自然有其规律，只要将它先后次序把握得住，就不难发现它的系统分明，陈义高深。不过，读《楞伽》极需慎思明辨，严谨分析，然后归纳论据，融会于心，才会了解它的头绪，它可以说是一部佛法哲学化的典籍（本经大义的纲要，随手已列了一张体系表）。他如《解深密》《楞严经》等，条理井然，层层转进，使人有抽丝剥茧之趣，可以说是佛法科学化的典籍。《阿弥陀》《无量寿观》及《密严》等经，神变难思，庄严深邃，唯信可入，又可以说是佛法宗教化的典籍。所以研究《楞伽》，势须具备有探索哲学、习惯思辨的素养，才可望其涯岸。

《楞伽经》的开始，首先由大慧大士随意发问，提出了一百多个问题，其中有关人生的、宇宙的、物理的、人文的，如果就每一个题目发挥，可以作为一部百科论文的综合典籍，并不只限于佛学本身的范围。而且这些问题，也都是古今中外，人人心目中的疑问，不仅只是佛家的需求。倘使先看了这些问题，觉得来势汹涌，好像后面将大有热闹可瞧，谁知吾佛世尊，却不随题作答，信手一搁，翻而直截了当地说心、说性、说相，依然引向形而上的第一义谛，所以难免有人认为大有答非所问的感觉。实则,本经的宗旨,主要在于直指人生的身心性命,与宇宙万象的根本体性。自然物理的也好、精神思想的也好,不管哪一方面的问题,都基于人们面对现实世界,因现象的感觉或观察而来,这就是佛法所谓的相。要是循名辨相,万汇纷纭,毕竟永无止境。即使分析到最后的止境,或为物理的,或为精神的,必然会归根结柢,反求之于形而上万物的本来而后可。因此吾佛世尊才由五法、三自性、八识、二无我,加以析辨,指出一个心物实际的"如来藏识"作为总答,此所以本经为后世法相学者视为唯识宗宝典的原因。

(二)

自佛灭以后,唯识法相之学,随时代的推进而昌明鼎盛,佛法大小乘的经论,也可以纯从唯识观点而概括它的体系,不幸远自印度、近及中国,乃至东方其他转译各国的佛学,却因此而有"胜义有"与"毕竟空"的学术异同的争论,历两千余年不衰,这诚非释迦当初所乐闻的。殊不知"如来藏识",转成本来净相,便更名为"真如",由薰习种性,便名为"如来藏",此中毕竟无我,非物非心,何尝一定说为胜义之有呢?所以在《解深密经》中,佛便说:"阿陀那识甚深细,一切种子如瀑流。我于凡愚不开演,恐彼分别执为我。"同一道理,佛说般若方面,一切法如梦如幻,无去无来,而性空无相,又真实不虚,他又何尝定说为毕竟的空呢?倘肯再深一层体认修证,可谓法相唯识的说法,却是破相破执,才是彻底说空的佛法。般若的说法,倒是老实称性而谈,指示一个如来自性,跃然欲出呢!

但无论如何说法,佛法的说心说性,说有说空,乃至说一真如自性,或非真如自性,它所指形而上的体性,如何统摄心物两面的万有群象？乃至形而上与形而下物理世界的关联枢纽，始终没有具体的实说。而且到底是偏向于唯心唯识的理论为多，这也是使人不无遗憾的事。如果在这个问题的关键上，进一步剖析得更明白，那么，后世以至现代的唯心唯物哲学观点的争辩，应该已无必要，可以免除世界人类一个长期的浩劫，这岂不是人文思想的一件大事吗？唐代玄奘法师曾经著《八识规矩颂》，归纳阿赖耶识的内义，说它"受熏持种根身器，去后来先做主公"。而一般佛学，除了注重在根身，和去后来先做主公的寻讨以外，绝少向器世界（物理世界）的关系上，肯做有系统而追根究底的研究，所以佛法在现代哲学和科学上，不能发挥更大的光芒。也可说是抛弃自家宝藏不顾，缺乏科学和哲学的素养，没有把大小乘所以经论中的真义贯串起来，非常可惜。如果稍能摆脱一些浓厚而无谓的宗教习气，多向这一面着眼，那对于现实的人间世，和将来的世界，可能贡献更大；我想，这应该是合于佛心，当会得到吾佛世尊的会心微笑吧！倘使要想向这个方向研究，那对于《华严经》与《瑜伽师地论》等，有关于心识如何建立而形成这个世界的道理，应该多多努力寻探，便会不负所望的。

　　反之，说到参禅直求修证的人，最容易犯的毛病，就是通宗不通教，于是许多在意根下立定足根，或在独影境上依他起用，就相随境界而转；或著清静、或无；或认光明、尔焰；或乐机辩纵横；或死守古人言句。殊不知参禅，也仅是佛法求证的初学入门方法，不必故自鸣高，不肯印证教理，得少为足，便以为是。这同一般浅见误解唯识学说者，认为"诸法无自性"，或"一切无自性"，自己未加修证体认，便说禅宗的明心见性是邪说，都同样犯了莫大的错误。须知"诸法无自性""一切无自性"，这个观念，是指宇宙万有的现象界中，一切形器群象，或心理思想分别所生的种种知见，都没有一个固定自存，或永恒不变的独立自性。这些一切万象，统统是"如来藏"中的变相而已,所以说它"无自性"。《华严经》所谓:"一切皆从法界流,一切还归于法界",便是这个意思。如有人对法相唯识的著作或说法,已经有此误解者,不妨酌加修正,以免堕在自误误人、错解佛法的过失中,我当在此合掌曲躬,殷勤劝请。

(三)

一九六〇年,月到中秋分外明的时候,《楞严大义》的译述和出版,初次告一段落,又兴起想要著述《楞伽大义》的念头。有一天,在北投奇岩精舍讲述《华严》会上,杨管北居士也提出这个建议,而且他的夫人方菊仙女士,发心购赠两只上等钢笔,回向般若成就。因缘凑泊,就一鼓作气,从事本书的译述。自庚子重阳后开始,历冬徂春,谨慎研思,不间寒暑昼夜,直到一九六一年六月十二日,夏历岁次辛丑四月二十九日之夜,粗完初稿。在这七八个月著述的过程中,覃思精研,有难通未妥的地方,唯有冥坐入寂,求证于实际理地,而得融会贯通,那时我正寓居一个菜市场中,环境愦闹,腥臊污秽堆积,在五浊陋室的环境里,做此佛事,其中况味,忆之令人哑然失笑!处于这种情景十多年来,已能习惯成自然,而没有净秽的拣别了。只有一次冬夜挥笔,感触正法陵夷,邪见弃斥,人心陷溺的现况,却情不自禁,感作绝句四首,题为庚子冬夜译经即赋,虽如幻梦空花,姑录之以为纪念。其一:"风雨漫天岁又除,泥涂曳尾说三车。崖巉未许空生坐,输与能仁自著书。"其二:"灵鹫风高梦里寻,传灯独自度金针。依稀昔日祇园会,犹是今宵弄墨心。"其三:"无著天亲去未来,眼前兜率路崔嵬。人间论议与谁证,稽首灵山意已摧。"其四:"青山入梦照平湖,外我为谁倾此壶。彻夜翻经忘已晓,不知霜雪上头颅。"

本书的著述,参考《楞伽》三种原译本,而仍以流通本的《楞伽阿跋多罗宝经》为据，但译义取裁，则彼此互采其长，以求信达。遇有觉得需加申述之处，便随笔自加附论标记，说明个人的见解，表示只向自己负责而已。后来有人要求多加些附论，实在再提不起精神了。这次述著，除了杨管北居士夫妇的发心外，还有若干人的出力，他们的发心功德，不可泯灭。台大农化系讲师朱文光，购赠稿纸千张，而且负责誊清和校对，查订附加注解，奔走工作，任劳任怨，虽然他向来缄默无闻，不违如愚，但这多年来，旦夕相处，从来不因我的过于严格而引生退意，甚之，他作了许多功德事，也是为善无近名的。但到本经出版时，他已留学美国，来信还自谓惜未尽力。其余如师大学生陈美智、汤珊先，都曾为誊稿抄写出过力。中国文化研究所的研究生吴怡，也曾为本书参加过润文，和提出质疑的工作。韩长沂居士负责出版总校对。最后，程沧波居士为之作序。这些都是和本书著述完成及出版，有直接关系的人和事，故记叙真相，作为雪泥鸿爪的前尘留影。

　　本书述著完成以后，对于文字因缘，淡到索然无味，也许是具生禀赋中的旧病，素来作为，但凭兴趣，兴尽即中途而废，不顾任何诟责，或者因人过中年，阅历愈深，遇事反易衰退，故原稿抄好一搁，首尾又是四年了。在这四年中间，也写作过儒、道两家的一些学术著作，但都是时作时辍，兴趣索然。甚之觉得著述都是多余的事，反而后悔以前动笔的孟浪。每念德山禅师说的："穷诸玄辩，若一毫置于太虚。竭世枢机，似一滴投于巨壑。"实在是至理名言，很想自己毁之为快。引用佛家语来说，可谓小乘之念，随时油然而生。故对本书的出版，一延再延。今年春正，禅集法会方毕，杨管北居士又提出此事，并且说，为回向他先慈薛太夫人，要独自捐资印刷本书五千部，赠送结缘，藉资冥福，所以今日才有本书的问世。始终成其事者，为杨管北居士，经云："孝子不匮，永锡尔类。"我但任兴而为，得失是非，都了不相涉，只是对本书的译文，仍然不如理想的畅达，确很遗憾。倘使将来触动修整的兴趣，再为本书未能尽善的缺憾处，重作一番补过工夫。但排印中间，又为误罹自疾而耽搁了七八个月，深感业重障深，荿事之难。本来要替本经与唯识法相的关系，及性相两宗的互通之处，作一篇简单的纲要，但又觉得多事著述，徒费笔墨纸张，于人于世，毕竟没有多大益处，所以便懒得提笔。唯在前贤著述中，寻出范古农居士述《八识规矩颂贯珠解》，附印于次，以便学者对唯识法相，有一基本认识，可以由此入门，研究性相的异同，契入经藏。

（一九六五年，台北）

《〈金刚经〉三十二品偈颂》自话

大乘佛法,以菩提解脱为先。《金刚经》者,为般若解脱道之中坚。自梵本翻译华言,先后计有七种译本。通常流行习诵者,皆以姚秦时代鸠摩罗什法师译本为准。原译本无品数之分,拈提品名者,实由梁昭明太子所作也。分品虽似割裂,然提纲醒目,叮咛后学,确甚有功。余初学佛,亦由此经起信,故于般若因缘,更感殊胜。偈颂之作,乃昔年掩室山中时之谵语,鄙陋不文,不足为训。且偈语不必尽依诗律,心有所感,即信口吟成,不知所云。今因友辈偏爱,促予付梓问世,贻笑方家,染污般若,难免罪过。

禅宗自达摩大师初传心印,当时咐嘱,并授《楞伽经》以印证心法。迨五祖以后,方改以《金刚般若经》为法印。六祖因之,广宏般若,禅宗又号称为"般若宗"者,盖自此因缘始也。禅宗源于释迦文佛之亲授,自东来数传以后,托胎般若,含融中华文物之精英,家风屡易,蜕变宗教情调而归于平常日用之间者,《金刚般若经》之影响,最为有力。然谛观本经首从文佛行持,极其平常之穿衣吃饭说起,绝非高推圣境,诞托虚玄者可比。其与后世宗风担柴运水,举饼吃茶,事无二致。审夫世出世间事物,参详谛当,智行相应,理事明了,虽奇特虚玄者,亦至为平实。苟愚顽罔思,虽至平实者亦极其玄妙。

即作颂了,乃复不揣谬见,随品数之分,更为拈提经偈所关大旨,用醒眉目,俾知偈颂出处。

第一,法会因由分。如经所云,佛于食时,着衣持钵,入舍卫大城乞食。于其城中，次第乞已。还至本处，饭食讫，收衣钵，洗足已，敷座而坐。此正说明本经述说释迦文佛住世教化之时，行极平实，更无奇特。一如常人穿衣吃饭，洗足敷座。并非云生足下，顶现圆光。

第二，善现起请分。正当佛自安座事了，时有长老须菩提（华言译其名字，另一意义为善现）即从大众中起而问法。问云：如来善护念诸菩萨，善咐嘱诸菩萨。若使有善男信女，发心求无上正等正觉者，应该如何住在此一初发自觉清净之正信心境中，应该如何降伏一切妄想烦恼之心。而本经所记佛之答语，极其有味，异常巧妙，但重复须菩提之问语云：如来善护念诸菩萨，善咐嘱诸菩萨。应如是住。如是降伏其心。初无加上许多说法。及须菩提长者唠叨不休，继续而说：唯然！世尊，愿乐欲闻。方引出以后若干经文，横说竖说，刹说众生说矣。其实，本经全部重心，在于善护念三字。无论圣人与凡夫，但能善护初心一念清净，则初发心即成正觉。苟善护此一清净正念，则往后文长，皆成剩语矣。

第三，大乘正宗分。正以凡夫众生，不能善护其善念，学佛中人，不能放下我证涅槃佛果，我在度人之相。则等同世间凡人，人相、我相、众生相、寿者相，样样不能放下，同为大病。若放却此世出世间诸相，岂非是一个无事凡夫，逍遥自在，快乐无忧，行同诸佛。

第四，妙行无住分。故佛于放下四相之后，乃说，菩萨于法，应无所住，行于布施，令此心犹如虚空。所谓布施者，内舍放诸缘之相，法施众生，外施舍身心财物，以济众生是也。功高万世，不住功相。德侔天地，不着德相。方为真布施也。

第五，如理实见分。到此又说，不可以身相见如来。故佛云：凡所有相，皆是虚妄。若见诸相非相，即见如来。无奈言者谆谆，听者藐藐，殊堪一叹。

第六，正信希有分。因此再三叮咛，知我说法，如筏喻者，法尚应舍，何况非法。能生信心，以此为实。诚为希有之正信也。

第七，无得无说分。继而说明无有定法，名"阿耨多罗三藐三菩提"。亦无有定法，如来可说。所以者何？一切圣贤，皆以无为法而有差别。

第八，依法出生分。于是提出持经说法之福德，无有自性之相可着，其广博犹如虚空。故云：所谓佛法者，即非佛法，是名佛法。

第九，一相无相分。不但福德功勋，犹如幻化。即如四果声闻，亦不能着意圆成。但了无相、无着、无愿之旨，可以当下释然一切经论教义之旨矣。

第十，庄严净土分。但应如此生清净心，如经所云：庄严佛土者，即非庄严，是名庄严。可谓明白晓畅之至。

第十一，无为福胜分。到此又复重申无为福胜，凡有为者，皆是世间尘滓之事，岂不当下爽然若失矣！

第十二，尊重正教分。义如品名，不必拈提。

第十三，如法受持分。乃知般若无知，法身无相，然后可以降伏镜里魔军，大作梦中佛事矣。

第十四，离相寂灭分。于是重申玄旨，乃言：离一切诸相，即名诸佛。又说：离一切相，发阿耨多罗三藐三菩提心。实相即是非相。如来所得法，此法无实无虚云云。

第十五，持经功德分。义如品名，不必拈提。

第十六，能净业障分。义如品名，不必拈提。

第十七，究竟无我分。经云：如来者，即诸法如义。如来所得阿耨多罗三藐三菩提，于是中无实无虚。是故如来说，一切法皆是佛法。若菩萨通达无我法者，如来说名真是菩萨。毕竟还是要人自无我相，方与佛法相应。

第十八，一体同观分。经云：何以故？如来说诸心，皆为非心，是名为心。过去心不可得,现在心不可得,未来心不可得。

第十九,法界通化分。莫以世间求福德之心而求佛法,是为至要。

第二十,离色离相分。经云:如来说诸相具足,即非具足,是名诸相具足。

第二十一,非说所说分。经云:说法者,无法可说,是名说法。

第二十二,无法可得分。经云:乃至无有少法可得,是名阿耨多罗三藐三菩提。

第二十三,净心行善分。义如品名,不必拈提。

第二十四,福智无比分。义如品名,不必拈提。

第二十五,化无所化分。义如品名,不必拈提。

第二十六,法身非相分。经云:若以色见我,以音声求我,是人行邪道,不能见如来。

第二十七,无断无灭分。经云:发阿耨多罗三藐三菩提心者,于法不说断灭相。

第二十八,不受不贪分。经云:菩萨所作福德,不应贪着,是故说不受福德。

第二十九,威仪寂静分。经云:若有人言如来若来、若去、若坐、若卧,是人不解我所说义。何以故,如来者,无所从来,亦无所去,故名如来。

第三十,一合理相分。经云:若世界实有者,即是一合相。但凡夫之人,贪著其事。

第三十一,知见不生分。义如品名,不必拈提。

第三十二,应化非真分。经云:云何为人演说,不取于相,如如不动。又云:一切有为法,如梦幻泡影,如露亦如电,应作如是观。

(一九六八年,台北)

为《金刚》《楞伽》《楞严》三经重印首语

释迦文佛一代时教,若不自东汉以后而传入中国,则将早随印度本土文化而沦丧殆尽。佛教输入中国,在魏、晋以后,若无达摩一系禅宗之崛起,亦将随南北朝之衰乱而心法无遗矣。故中国文化与佛教,正当盛唐之兴隆而卓然挺拔,良有以也。

但自晚唐五代之际,禅佛而有五宗七派之门庭设施,则已由盛而衰,势必入于儒道而相互依存,蜕异竞秀。因之而有宋代理学之突出,神仙丹道之辉耀,亦势易时变之必然也。过此以还,迨于明代中叶,左右佛老而汇集于理学心宗,则有阳明王学之作。当此之时,禅门佛子从王学而入道者,颇不乏人。

及乎明季末期,身为知识分子之儒冠学者,颇非王学之滥而欲规正于禅,但又鄙薄禅僧而不为,独以居士身而手提禅宗正令者,因而风起,如田素庵、李卓吾、瞿汝稷、曾凤仪辈,皆以当时名士而标示学佛,且为士大夫之所非议者,其数不少。其间尤以李卓吾之得罪名教中人,遭逢不幸,最为可哀。

由此禅宗与理学,随宋明朝代之异易,亦转为入世应用之学,或为文词慧业而肆其智辩者,则有冯梦龙、李笠翁、金圣叹,似皆承其余绪而故示跌宕也。

但禅佛正宗法印,几已荡然无存,师僧中虽有密云悟以及憨山、达观少数几人撑持门户,殆亦强弩之末,势不能穿鲁缟者耶。由此而及清初,能振兴禅宗,高提正印而扫荡阴霾者,有之,唯雍正一人而已。惜乎!身为帝王身,应为帝王身而得度者,恐终难得其人矣。今因学子周勋男之请,嘱为明末曾凤仪所辑《金刚、楞伽、楞严三经宗通》再版为序,旅泊中人,尘劳繁剧,实已无暇及此。然因其再三催促,简书禅佛宗乘之衍变如此,则可知曾氏之辑,固有其独具匠心,足资千古者。非大心开士,曷能作此,应为随喜赞叹,是法住法位云尔!

(辛未年一九九一年四月二十八日记于香江)

《华严经教与哲学研究》序

释迦文佛一代时教,综罗万辨,旨在求证超迈人间世与物理世界之交缚,然后和顺真俗而升腾情性。后之分疏其言思部类,因而有人天之际,大小道乘之差别。究其源本,理则圆融,事无二致。追迦文寂灭,授受差歧,渴饮分河,门庭巘立,玄灵罔象,尽成捉影分光,藏椟遗珠,竟取支离破碎。于是有龙树大士者,崛然兴起,理其繁芜,整其脉络,浸假曼衍,而有般若、中观、唯识、法相、禅、净、律、密等教法,悖如并行。而箭柱簇锋,枝枝贯串于华藏;云辉彩霭,光光缕集于日轮。猗欤!懿哉!讵能透视?

及乎教归中土,灿烂于盛唐之世,蓓蕾结实,花蕊纷披,法苑敷陈,封蹊互涉,虽百世争放,而群伦莫统。洎杜顺、智俨、法藏、澄观、宗密、李长者辈相继出世,华严妙净,方挺然矗立于秽土莲泥之间。于是偏空执有,滞般若、胶法相者,咸须从妙高峰顶,落脚实地而俯首依皈于华藏果海;始信知见万象,悉是法身之依他;身色一异,尽属圆成之理量。明暗不二,物我同如,生灭无异,魔外齐了。藏天下于天下,负之而趋而寂然不动;析尘刹于尘刹,安之于默而感而遂通。唯然文教盛衰,俨同世运,宋元以降,虽理极情喻,尚堪嚼唾,而身证心了,几同绝响。每念斯文,辄废卷而戚戚。

距今十二年前,杨生政河,方就读于台大哲学研究所,晨窗清旷,过我问津,商酌毕业论文,欲取禅佛之妙旨以为题者。乃告之曰:近时禅已沦于肤学,嚣嚣啍辨,何胜其非。华严丰藏,可发新硎，子其勉之。政河曰：然则，指导师承，谁可与归？揣其所意，固知相挽。余曰：方教授东美，一代贤哲，曾两度过吾，言未详尽。余虽面告朝夕见顾之徐子明教授转致歉衷，唯微念犹未释然，子当告余此意，挽请其为指导，必相契合。继而政河固如所教而完成巨论，窃喜东美先生，晚年契入圆智，善果正圆之际，不幸继徐子明先生弃世而施身海藏。浮沤幻有，缘起无常。华落果存，薪传灰灭。今因政河梓印《华严经教与哲学研究》一书，复请为序，惊梦岁月，慨忆昔人。乃为之介，并纪其始末因缘如是我云。

（一九八〇年初冬，台北）

《佛学原理通释》序

治学如理乱丝,愈理而头绪愈繁。然千古聪明才智之士,毕生埋首于学术,虽纷而益固,历万险而弥坚者,盖心存淑世,志从学术思想以济救人心之陷溺也。仲尼删诗书而定礼乐,树中华文教之规模,光芒万丈,照耀古今。释迦辟邪说而立宗创教,阐人天之奥秘,说法如云如雨,普施众生而不分中外,而移植于中土。昔人有言,东方有圣人,西方有圣人,此心同、此理同,信其然乎!

佛学汪洋浩瀚,无可涯岸,后世分河饮水,但取瓢饮而鼓腹者,只各适其所志,润其知见,而无妨于雨露之广,河海之量,猗欤盛哉!近世以还,西学东渐,物质文明挟欧风美雨而骤至,东方人文之学,亦随狂澜而欲倒。于是有志之士,沉潜韬晦,崛起于故纸之间,温故而知新,默然而治慧学,藉求人类真理之归趋者,大有人焉。

余于一九四九年春来台,初识黄教授公伟,彼方主笔政于《全民日报》,长厚诚笃,蔼然可亲。而彼此不知其所学。因缘聚会数面以后,不通往来已十有余年。今秋同讲学于辅仁大学,重逢于车次。方知其力学之勤,著述之富,诚仁人志士之用心也。一日,公伟兄以所著书相赠,并举《佛学原理通释》,嘱余审读而为之序,瞿然惊其付托。尘劳垢染如余,日无暇咎,恐将难全友信,欲求案无积事,即竭夜翻阅一遍,择其要者而为之介。

此书志存辟谬,力求佛学之原,故偏重于原始佛教小乘之理,俾于东瀛明治维新后诸名家佛学之论据,而加以作者力学心得之知见，诚乃晚近数十年中治佛学者不可多得之佳作也。足为入德之资粮，有辅于释迦之教非浅。至于大乘诸说，般若、唯识、中观之义，略而未详，盖欲待诸他日之专论，余将拭目以观其大成焉。公伟兄行宗儒术，心游佛境，著作等身，有笔如椽，苟非宿植德本，岂能为此。为此合什稽首，随喜赞叹，殆为异时灵山会上，拈花微笑之缘欤！

（一九六五年冬月序于台北）

为向子平印《敦煌大藏经》言

世人都言佛学浩如烟海,以烟海形容佛学,亦似是而非之辞。海即深不见底,广大无边,复加烟笼层面,永似缥缈难穷其际,如此境界,往往使人望而却步,不敢窥探究竟。迨有心人集佛说群经,综为一大藏教,纳无限而归之有限,如不游心外物,专诚恳读,浩如烟海者亦仅为一大藏。读而习之以勤,精研覃思,理与神会,言与寂合,一大藏教,亦只会心于方寸,又何足多哉!

距今六十年前,印刷尚未发达,全国伽蓝丛林,具有大藏一部者,寥寥无几而屈指可数,如欲深入经藏,几亦难如登海。及至现在,以台湾一隅而言,普遍印出历代各部大藏经,先后已有五六种。无论善本残编,每出一部,僧俗竞相争购,肆无遗弃。若此情况,意谓并非深入经藏,实乃藏经深入民间,人人皆在佛学烟海之中,毋须再行推广矣。

然有向子平者,仍欲在此苍茫烟海中别出心裁,另放异彩,多年发心,以影印《敦煌大藏经》为一大愿力,并屡促我为之序。人间善语,佛皆说尽,文艺才华能在佛头着粪作序者,前修已尽其词,今则几同绝调矣。予何人,岂敢谬赞一词。唯愿向子此书印出,有愿必成,所求皆遂,凡有功德,亦普覆回向烟海为幸。向子当不以我又犯绮语戒耶!

(一九九〇年岁次庚午端阳,南怀瑾寄于海外)

禅宗之部

《禅海蠡测》初版自序

运厄阳九,窜伏海疆,矮屋风檐,尘生釜甑。客来自远,顾而让之曰:子脱屣圭缨,栖情衡泌有日矣。曩者掩室岷峨,行脚康藏,风霜凋其短鬓,烟水历乎百城,矻矻穷年,究此一事。虽梦宅虚无,本乏可留之迹,而空书斐亹,终成不著之文。际兹慧命丝悬,魔言鼎沸,同舟俨分乎楚汉,一室而判若参商,正法衰微,乾坤几息,不有津梁,罔克攸济,金针密固,庸所安乎?闻已而思,瞿然有省。夫妙契匪意,真证难言,动念已乖,况涉文字。然无说自说,瓶泻云兴,从上祖师,皆非得已,矧余末学,粗具见闻,窥测之谈,不离知解。揆诸先圣盍各之义,窃比昔贤就正之情,砖石之投,连城或致,则亦何妨著佛头粪,大作瘝语耶!爰濡秃管,率成斯编,所涉虽繁,要仍以禅为主,如叶归根,如水赴海。倘阅者因筌得鱼,见月废指,形山打破,会即不疑,是吾心也。若遇明眼,烁破面门,此中廓然,徒添络索,一场忔愣,转见败阙,则余知过矣。

(一九五五年,台湾)

《禅海蠡测》再版自序

时轮劫浊，物欲攫人，举世纷纭，钝置心法，况禅道深邃，克证难期；余以默契宿因，嗜痂个事，觅衣珠于壮岁，虑魔焰之张狂，故不辞饶舌，缀拾斯文。然投滴巨壑，吹毫太虚，沉沉无补时艰，复将二十载。顷者，莘莘学子，惊顾域外之谈禅；攘攘士林，欲振中华之堕绪。再请重铸斯编，冀复燃灯暗室；固知旧铅新椠，尽同梦里尘劳；接响撩虚，等是狂思玄辩。禅非言说，旨绝文词。拈花微笑，能仁已自多余；渡海传衣，少室徒添渗漏。五家七派，无非自碎家珍；万别千差，透澈何劳竖指。斯编之作，为无为，何有于我哉！

（一九七三年仲夏，台北）

附：

《禅海蠡测》剩语

萧天石

禅宗一门,为我国佛教中之一革新派,旨在传佛心印。自释迦牟尼传大迦叶,递至二十八代菩提达摩,东来震旦,是为此土初祖。复自二祖僧璨递传至六祖惠能,宏开五叶,宗风大振。虽所提倡以"不立文字,直指人心,见性成佛"为宗旨,惟文字语言,亦未始非心传方便法门;故达摩初亦曾用《楞伽经》四卷以印心。惠能于黄梅,刚道得"本来无一物"一偈,便得衣钵,惟当授受之际,犹为说《金刚经》。其在曹溪弟子亦有《坛经》之记。厥后二派五宗,无不直指向上,皆令自求、自行、自悟、自解;然亦究不能无说,说不能无文。盖借语传心,因指见月,语言文字,有时亦不失为接引开示之方便也。

世谓禅宗为"教外别传",实则谓之"别传"固可,谓之非"别传"而为"嫡传"亦可。盖真谛不二,以教证宗,以宗举教,教实有言之宗,宗本无言之教。三藏十二部,默契之则皆宗;千七百公案,举扬之则皆教。佛说法数十年,未尝说得一字,以法尚应舍也。故究竟言之,教原未尝有言,而宗亦未尝无言也。天下同归而殊途,百虑而一致。归元无二路,方便有多门。能澈悟自心是圣,自心是佛,则触著便了,更无余事。天地与我同根。万物与我一体,岂可因门庭施设,而分宗分教,俨然门户峥嵘,自生差别哉!

南君怀瑾，顷以所著《禅海蠡测》书稿见寄。细读之，深觉其超情离见，迥出格量。君虽演深契禅宗，然不以话头为实法，不以棒喝作家风；横说竖说，语语由自性心田中流出，绝非如优人俳语者可比。其中治儒释道各家之言，而综诸一贯，会归一旨，倪非能如大海之纳百川者，曷克臻此？是书虽累十余万言，要亦只道得一字。若会时，看固得，不看亦得；不会时，不看固不得，看亦不得。洛浦安答僧云："一片白云横谷口，几多飞鸟尽迷巢。"是佛固著不得，经典公案亦著不得。读者于此书所示，一字一句，又岂能著得？"不离文字难为道，尽舍语言始是经。"读者切勿泥于语句，堕入文字禅中，而宜独超冥造乎语言文字之外，是为近之。否则依然陷在妄想知见网中，虽一辈子学佛，一辈子参禅，一辈子求道，骑驴觅驴，与自己本来面目，毫没干涉，而终归是凡夫。余昔赠灵岩寺僧传西有句云："不学佛时方成佛，非参禅处即参禅。"此与张拙见道偈之："继除烦恼重增病，趋向真如亦是邪。"及憨山大师所谓："妄想兴而涅槃现，烦恼起而佛道成。"其义一也。

余与怀瑾，论交十余年矣。抗战初起时，君甫逾弱冠。殚力垦殖，深入夷区，部勒戍卒，蛮烟瘴雨，跃马边陲，气宇如王，高自期许。卒以囿于环境，单骑返蜀，复事铅椠。曾述其经历，著《西南夷区实录》一书，则又恂恂儒者，非复向日马上豪雄矣。无何，任教中央军校，时余主持《党军日报》，每相与论天下事，壮怀激烈，慨然有澄清之志。惟以资禀超脱，不为物羁，故每尝芒鞋竹杖，遍历名山大川，友天下奇士，不知者辄目为痴狂，而君则恬然乐之。尝曰："钟鼎山林，固皆夙愿，苟顿脱可企，则视天下犹敝屣耳！"一九四三年，余以婴疾，药炉禅榻，时益相亲；曾与遍访高僧，并同师事光厚老和尚。不期年，君辞军校事，而致学于金陵大学研究社会福利系。后又弃隐于青城之灵岩寺，霜枫红叶，日伍禅流。旋从禅德袁焕仙居士游，契入心要。嗣即不知踪迹者久之。一日，忽有客自峨眉来,始知闭关于中峰绝顶之大坪寺,西川旧好,相顾愕然!耆年如谢子厚、傅真吾,及君师袁焕仙等,相约入山访之,始知由名僧普钦之介,悄然至峨眉,初于龙门洞猴子坡等处,叠示灵异之迹,乃获寄迹该寺。在此期中,并曾折服当时负有盛名之唯识学者王某。龙门寺僧演观,曾记其事与对话,刊有专册行世,不胫而走。龙泉在匣,光芒不掩,真性情人,行事大抵固如是也。

后三年,余宰灌县,君飘然莅止,美髯拂胸,衲衣杖策,神采奕奕。问从甚处来?答谓:"前从灵岩去,今自金顶回。"问:"在峨眉山何为?"曰:"三年闭关,阅全藏竟。"复问其今后拟往何处?则曰:"到处不住到处住,处处无家处处家。"相视而失笑者久之。憩夏青城后,即远走康藏,穷探密宗之奥;行迹遍荒山绝巘,丛林叶刹。行脚愈远,所接大德高僧奇人异士亦愈众,而迹亦愈晦,盖所谓:"就万行以彰一心,即尘劳而作佛事"者也。嗣闻其经康藏至昆明后,曾讲学于云南大学。折返锦城,并一度应川大哲学教授傅养恬之邀,讲学于哲学研究会。斯时已声光并耀,缁白闻风问道者络绎。迨抗战胜利后二年,君即返里省亲,嗣复深隐于天竺灵隐山中,栖心玄秘。尔时,余适于役京畿,彼此不相闻问矣。

一九四九年夏,余自沪来台。一夕,君忽枉访于台北寓所,始悉其方有所营为。越明年,事与愿违,忽尔晦迹,行藏莫卜者久矣。迄去冬,因某居士之约而复聚于海滨一陋巷中,破窗尘几,意趣萧然;当力促以重亲笔砚。初不谓然,几劝始诺。曾未数月,遂成斯篇,都凡二十章,钩元提要,探幽阐微,手眼别具,发前人之所未发。全书以禅宗为主眼,而融会众流,归趣大海,虽于从上各家之说,略有损益,要皆言必有宗,指归至当。至若《参话头》、《中阴身》,及《修定参禅法要》诸篇,则皆古人隐密缄固不肯为人说破者,今皆不惜眉毛,金针巧度。虽小出作略,而其资益于真心向道者,宁为浅鲜?至其提持纲要,语不滞物,思泉呈涌,如山出云,殆今日之《广陵散》矣。余初识怀瑾，英年挺拔，跌宕磊落，前途正未可量；卒之鄙弃功名，参伍猿鹤，得以博览法藏，独契心源，返朴还淳，泥涂轩冕，所谓游于方之外者非欤？又君髫年曾习武技与方术，卒致力于佛法，深入禅教密各宗之堂奥。今后究将以何者为其归正，则又未可逆测。其殆游戏人间，应物无朕者耶！爰因其书成，略缀其生平行履一斑以附，庶读其书者，亦得略知其人。余虽早岁皈命瞿昙，然放逸怠荒，惮于精进，似草野人，为廊庙语，门外之消，宁能幸免？惟承命为校订，于义不能无言，拉襍书之，亦自哂也。

（一九五五年萧天石写于台中草庐）

《禅宗丛林制度与中国社会问题》引言

社会学里的社会

社会这个名称，是指各个团体之间，具有一定的关系，共通的利益，因此合作以达一定的目的，组织成为一个整体的集团。普通便把它用来指某一种同业，某一类同身份人的名词，例如上流社会，劳动社会等。也有用以代表某一区域性的，如上海社会，汉口社会等。

当公元一九三八年间，法国学者孔德（Comte）便创了"社会学"这个名词，他用以研究以社会为体的一种科学，从前我们也有称它作"群学"的。自经英国学者斯宾塞（Spencer）沿用社会学这个名词以后，它就成为一个专门学科的名词，凡专门研究社会的组织的，就叫作"社会静学"（Social statics），专门研究它的成长和发展的，就叫作"社会动学"（Social dynamics）。它的研究对象，大体有三种：（一）社会的本质；（二）社会进化的过程；（三）社会进化的原理。有的以生物学作旁证，有的以心理学来证明。

东西文化不同的社会

推溯一百年前，我们的历史文化里，根本便没有这个名称，也毋须有这一门学识的成立，这不能说我们过去的不科学。只能说过去的历史文化,无此需要,这就是东西文化的基本不同的精神所在。基于经济学的观点来说,我国向来便以农立国,地大物博,土广人稀;有的是天然的天材地宝,可以利用厚生,并不需要向外争取利源以养活自己。加以传统的文化,素来以安居乐业,乐天知命为祖训,因此人人只要重礼守法,完了国家的粮税以外,农村的社会里,鸡犬相闻,老死不相往来,是件很平常的事。宋人范成大的诗所说:"绿遍山原白满川,子规声里雨如烟。乡村四月闲人少,才了蚕桑又插田。"这样一幅美丽的天然生活图画,谁愿意熙熙攘攘,过那忙得忘了自己,专为工商业社会的生活呢?除了西北和北方一带的游牧种族,还守着"穹庐夜月映悲笳"的生活,所以还需要兼带掠夺性的侵略以外,大体我们的祖先,都是安于和平康乐的人生的。

在西方的欧洲则不然,他们没有像我们的历史一样,早先就经过一度像秦汉的统一局面,部落酋长式的蕞尔小地,便称为一个国家。既不能以农立国,更不能靠土地生产的经济,维持人民的生活。因此,从盗匪式的抢夺之中,一变为国家间的侵略,由经营商业的远出贸迁,变为有组织的工商业集团,所以他们的每个社会,在在处处,都需要有组织。西方人的社会,由此成长和发展就很自然地成为人群生活的中心需要了。而且社会的主要开始目的,是由于经济的需求而来,所谓社会学上的社会制度,社会分化,都是渐渐地发生更多的问题所形成,例如社会运动,社会革命政策,社会心理学,等等。他们一有了问题,就拿那一个问题作中心,将它分析研究,便变为一门学科,马克思、恩格斯的社会主义,在西方的这种环境之下,就会很自然地发生。西方的社会经济,进步到了现在,有欧美的科学化的工商业社会,而且已经由公司、会社、社团的组织,发展到各种各类的俱乐部,由经济剥削和侵略,发展到社会的福利经济。国家的法律,范围了组织。社会的组织,影响了国家的立法。不是从商业的市场竞争，演变成政治哲学的自由和民主第一，就是由经济政治的重心，认为社会主义第一。我们的历史文化，到了现阶段，也便恰当其时，卷入这个矛盾对立的世界洪流之中，亟待我们自己的努力，统一融会而坚强地站立起来。

宗法祖的辨别

假定从社会学的观点，来说明我们历史文化上的社会史迹，也有把我们过去的氏族宗法关系，叫它作"宗法社会"的。严格地说来，这还是有问题的。因为社会，是基于共同利益，或共同目的，集体合作的一种组织。我们祖先的宗法社会，只是一种民族精神所系的代表和象征。它以不忘民族的本来源流，传承继续先人的祖德，要求后世子孙的发扬光大；它既不是有一种群体法定的组织，犹如西方的社会一样；更不是为了一种共同的利益，达到一个政治或经济上的目的。宗法，只能说是传统文化中心的"礼"的表现，这个体，它具有相似于宗教性的，人情味的，是人类文化精神之升华，而且是性情和理法并重的。重性情，所以推崇天然，就轻视人为的组织。重理法，便讲礼义，裁定性情，使它合于人伦群体的活动。它与西方社会的只注重组织，是大有出入的。我认为人世间最高的组织，是由于人与人之间真感情的结合，所谓至性至情的流露。其次，才是如宗教一样的信仰，所谓崇拜的服从。再其次，才是法律和规范。至于从利害相关的集合，用权位生杀来范围，那是等而下之，等于市场的交易而已。凡事之不近于天然法则，违反人之性情的，没有不失败的道理，以社会学理的历史来讲，利害相关的组织，可能在社会史上，暂时占去时代的一页，但决不能争取千秋。

至于我们历史上的宗法社会，它的基本单位，就是家庭的家族。由家族和家族之间的结合，就是宗族。由宗族和氏族之间的结合，就是国家的社稷和宗庙。社稷、宗庙和宗祠，就是介乎人和天神之间的象征代表，贵为天子，还须畏惧天命，所以便当敬重社稷宗庙和山川神祇。如是普通的平民，不敬重宗族和宗祠，从礼仪为法律的中心观点而论，已经犯了大不敬的罪行，以传统文化思想的观念而论，便是获罪于天，得罪了祖宗神祇，应该是罪无可逭，便无可祈祷之处了。可是它在礼仪传统的风俗习惯上，和国家的法律观点上，虽然有此成法，但是并不同于西方和现代社团似的社会组织。汉唐以后的祠庙，后来通称为各个宗族之间的祠堂，那也并非是一种社会的组织，只能说是民族精神的中心所系。它相近于宗教性质，平时并无社会活动的作用，每逢岁时，便由族长率领同族中的人们，共同致祭于自己的祖先。族长虽由一族中辈分最高的人出任，但是也不是由法规的组织产生，那只是由传统文化礼的观念，人为的自然推崇。如遇族中的子孙们犯了违反传统礼仪的行为，由族长召集全族的人们，开祠堂门，拜祖宗，禀请祖先以宗法来评理，评定一事或一人的是非罪恶，也必须合乎天理、国法、人情。这也只是秉承礼仪的安排，便不同于法规纪律的性质，或是组织的制裁。乡里之间的里正和保正，或者社董，那是清代沿用唐宋以来地方自治保甲的名称，等于现在的乡里长。社仓，是宋代以后为地方储备饥馑赈济的福利事业，后来也有叫作义仓的。社学，是明代以后实施的乡村国民教育。这些都如众所周知，不能与社会这个名词，混为一谈。再推溯到秦汉以上，讲到社会政治的关系，更为简单，那时的文化思想，政治和教育，本来不能太过于划分。所谓作之君，作之师，作之亲；在精神上，几乎还保有上古质朴的观念，还是三位一体的。能够影响地方社会之间，也只有从礼义的传统上，自然的敬老尊贤，秦汉时代的老和公，只是一种尊崇敬重的称呼，更不是社会领袖的职衔。例如《左传》所称的"三老"，据服虔疏引："三老者，工老，商老，农老。"古天子有三老五更，以父兄之礼养之。据

《汉高祖纪》所载："举民五十以上，有修行，能帅众为善，置以三老。乡一人，择乡三老一人为长三老。"宋祁说："乡有三老，掌教化，秦制也。"两汉都沿用这种制度，所以在我们的历史文化上，真难找出真正如西方社会组织的一种社会。初有社会的规模的，只有先秦的墨道，才略具有特殊社会的风规。其次，就是开始于唐代佛教禅宗的丛林制度，它影响元、明、清以后的历史和社会，以民族革命为宗旨的帮会组织。但是丛林制度，它既不同于西方的宗教社会，又不同于西方宗教的教育中心的神学院。至于帮会的组织呢？以传统的侠义精神，和政治活动相融会，说它是为了当时革命性的反正集团，确很正确，如果比之西方社会或流氓集团，推原它的初衷，当然也颇有出入了。

结　论

倘若专讲社会学而研究社会史的问题，那便立场不同，观念有别，应该另作一种说法。也可以说，我们在近六十年来，受了西方文化思想的影响，才有社会等问题的产生，所以理论的依据与文化思想的方向，截然各有不同。不过我只想从观今宜鉴古的遗训，述说唐宋以来的丛林制度，和它如何影响后世的帮会组织；以此作为今后我们吸收融化东西文化，跨进新的时代，提供留心社会问题者的参考而已。

（一九六二年，台北）

景印《雍正御选语录》暨《心灯录》序

（一）

纷纭万象，劳碌人世，众生以得解脱为乐。为解脱故，有求道之事。为求道故，有禅等诸学之作。有禅之学术故，于不落言诠、不立文字之余，有诸经语录之积。语录之作，本于无说无法中强示言说，使会者舍指见月，得鱼忘筌。孰意一落筌象，即有承虚撮影之辈，执文言情境而觅禅机，如麻似粟。于是建立门庭，聚讼坚白，不一而足。降至今世，谈禅成为专门之学，齐鲁道变、还珠买椟而说空蕉鹿梦者，朋从尔思，多如恒河沙数。自由出版社萧子天石，适际此时，景印《雍正御选语录》与《心灯录》二书，嘱以为言。骑牛觅牛，虽有画蛇添足之嫌，亦当勉起为其点睛，冀使二书再度问世，使禅之为学，从此破壁飞去，返还本来面目。

读书不难，读书不为书困，不为目瞒，入乎其内，出乎其外，别具只眼为难。禅宗诸经语录，为天下奇书之首，亦为世上最难读懂群书之冠。唐宋以还，宗门语录丛出，有读懂其书、视如无书之士，撷其精英，集其简要，使后之来者，易于出入慧海、涵泳性天风月者，乃有编纂禅宗汇书之作，如《传灯录》《人天眼目》《五灯会元》《指月录》等继集成风，皆此类也。要皆匠心独运，各自甄拣先哲，以示异同。雍正手自编撰语录，亦为抒其见地，剖陈珠玉以示世，以显其磨穿砖镜、咬破铁馒之能事。《心灯录》则列为禁书，凡山中林下、参究宗乘之士，亦视为毒药，信为魔说。何以故？此中隐有清代历史文化之另一巨案，素为通儒硕学暨禅门衲子所忽略，几已不知其究竟之因缘矣。

（二）

爱新觉罗氏崛起东北，以孤儿寡妇率三万之众，席卷华夏，臣服五族，历二百六十余载，代更十帝，终以孤儿寡妇毕其社稷。称今追昔，视帝王之尊荣，浮云太空，逝如春梦。然其入关之初，乘时继统之命世帝才，如康熙、雍正、乾隆三代父子，虽上溯汉唐隆盛，并无愧色。后之论史者，每况其武功之烈，或统驭之严，而略其砥定有清一代文治之懋也。康熙以幼冲继位于未定之局，削平诸藩于内忧外患之际，内用黄老，外崇理学，励精图治，躬亲力学，晓畅天文、历算，擅长中外文言，颁行圣谕条训，集孔孟人伦孝悌之义于笃行，以弭明末诸大儒履践忠君复国之学于无形。且著述群典，网罗思辨学致之士，尽瘁于博学鸿词之间，固亦有功文化学术于来世。然持弄先王仁义之说，为当时统治之权宜，使前明遗老，失据于素王圣贤之域，不入于醇酒美人，即遁于丛林布衲，而反躬诚明于法王觉海，澹泊其忧愤，遂使元明以来敝禅，稍振儒佛不分之宗风。康熙游刃于黄、老、孔、孟仁慈之术，而暗于方外，致使逃禅韬晦者，得以潜养其兴复机运。

雍正蛰居藩邸，屈志潜飞。初则因宫廷崇信佛道，窥奇禅悦而从迦陵性音禅师，与章嘉呼图克图志学禅密，得识濡沫江湖者之用心利弊。故登极以后，不惜以九五之尊，躬自升堂说法，秉拂谈禅，谦居为宗门伯匠、与诸山长老较一日之短长。从学之徒，近有王室宗亲，远有比丘禅和、黄冠羽士。遂使山林沉潜之耳目，尽入彀中。其屡诏削灭汉月藏法裔，严令尽入临济宗乘，既以澄清王学末流蠹蚀宗门之颓风，复塞前明非常之士隐沦山岳、逃迹湖海之思路。轻举无为无不为之旨，活用于禅机道佛之间，可谓瞒尽天下老和尚眼目。虽然，雍正自于宗门作略，并非徒作口头禅语，捏弄空花阳焰于野狐队里，固已笃践真参实悟于行证之途，迫出一身白汗，深得拈花妙旨。其开示三关见地，印以唯识知见，迥出常流。且选辑语录，揭标《肇论》、永嘉为先。以寒山、拾得为辅。诚为独具只眼，昭示释迦心法东来之禅宗，实受中国文化儒道学术灌溉而滋茂也。至于唐、宋以来宗门，则以沩、仰、赵州、云门、永明雪窦、圆悟克勤为主。以清初禅门宗匠玉琳琇、茚溪森为殿。过此以往，则目视云汉，自许荷担禅宗开继之任，即自称为圆明居士住持之当今法会而已矣。而拣择禅门宗匠之外，于道家，则独崇张紫阳为性命圆融之神仙真人。于净土，则推尊莲池大师为明末鄞匠。且捞摝历代禅师之机锋转语，以自标其得正法眼藏之妙用。寡人位置大雄峰顶，气吞诸方。直欲踏破毗卢顶上，会法王人王之尊于一身。抑使儒冠学士与方外缁素，钳口结舌，无敢与之抗衡。狂哉豪矣！可谓汇萃魔佛内外之学于一炉，继康熙定鼎之后，清廷帝子英才，舍此其谁？

（三）

但自清初以后，禅宗之徒，别持三世因果之论而作异说，传称雍正为明末天童密云圜悟禅师之转世。密云悟者，宜兴蒋氏子，幼时不学而慧，长事耕获樵苏。偶读《六祖坛经》而策心上宗。年二十九，弃家披髡，得临济宗传。密云高弟汉月法藏禅师者，无锡苏氏子，为明末儒生。剃染后，初从密云受其心印而名噪一时。于是明末清初，避世入山，与逃儒入佛之文人志士，皆入于汉月藏之门。师弟承风，互相标榜。俟密云发现汉月知见未臻玄奥，且薄视师承，常以实法予人而为禅宗授受，即力斥其非，著《辟妄》之文开示正见。而汉月弟子固多明末宿儒名士，习于儒林鄙见，素视其师祖密云悟出身寒微，不足为齿，复著《辟妄救》一书以力维师说。密云鉴于其已成之势，乃密以临济法统转付破山海明禅师，破山亦避乱返蜀，隐于其皈依弟子秦良玉之戎幕。迨张献忠之攻渝州，破山曾不辞腥秽，化导群魔，救免戮杀者，存活无数。从此禅门知见之争，与文字之讼，未因明清异代而稍戢。及雍正出而鼎擎密云法统，力灭汉月一支为魔外之学，扫穴犁庭，方致销声匿迹。上谕二则，皆切中僧伽流弊，无可厚非。故宗门相传雍正为密云悟后身之说，言之凿凿矣。自清初至今二百余年，汉月之禅与学，已不得而见。汉月其人其事，稽之逸史，亦不多觏。意为逃儒入佛之明末名士，洵无可疑。今所仅存者，唯汉月遗绪湛愚老人所著之《心灯录》，犹得见其概要。民国二十余年间，有湖北万氏倡《心灯录》之禅为极则，为之梓版而广流通。而著者湛愚老人之事迹，犹茫然未详。书中屡称三峰，即汉月往昔虞山隐居之别庵，由此而窥汉月知见传承，亦足多矣。

《心灯录》之禅说，首标释迦"天上天下，唯我独尊"之宗旨为直指，辅以一圆相为真诠。世尊说法，于般若，而标无我、无相、无说为依归。于涅槃，而揭常乐我净为圆极。于华严、唯识，而立非空不有之胜义。如珠走盘，无有定法可得。而《心灯录》建立独尊之"我"为极则，以一圆相为玄奥，予人有法，立我为禅。故具透关手眼而留心宗乘如雍正者，宁不颠扑而无容其流衍耶。稽之《心灯录》之见地，实从明末阳明学派心性之说与禅学会流，亦即援儒入佛之异禅也。立一圆相以标宗，盖取诸道家与宋易太极之学说。指一我为究竟，盖取诸《大学》慎独与王学良知良能之知见。循此以往，分梳历代禅师公案、机锋、转语之断案，一使读者闻者即知即得而为之首肯，适与般若实相无相、涅槃妙心之旨背道违缘不知其几千万里。雍正拈提《肇论》，当可以救其偏。虽然，道并行而不悖，孟子非杨、墨，而杨墨得以显。孔子杀少正卯，而少正卯因仲尼而并彰其名。时异势易，何须雍正之斤斤。但留为后之具眼者，拣其染净，参其几微，容何伤哉。

（四）

异者有曰：雍正既趋诚禅道，何其心之忍，而其行之残耶？此盖囿于稗官野史之说，谓其夺嫡与血滴子之传闻，及其被刺而不保首领之言耳。夺嫡一事，亦为清廷疑案之一，确证为难。然例之唐太宗、宋高宗处骨肉间事，古今中外权位攫夺之事，常使智者慧珠晦吝，理难焚欲者，数数如也。雍正参禅虽已具透关之见，而身为帝室贵胄，乏良师锻炼于造次行履之际，虽自号圆明，实明而未圆，极高明而未道中庸，此为其病耳。大丈夫若无泥涂黄屋，远志山林之胸襟，不淹没于富贵尊荣者，甚为稀有。至于统驭过严，逻察以密，乃局限于当时种族私见之治术，昧于礼治之本。而观其著《大义觉迷录》，以抗汪景祺、曾静、吕留良等民族志士，作文字之争，则知自康熙以还，清廷治权，遍布思想障碍，虽枝叶茂盛而根基未稳。故一变罗致安抚之策，而为锄芳兰于当门之计，其未臻君子大人明德之度，亏于王道之政，过无所逭也。然而《觉迷录》泯民族之歧见，如易时易位而处，用之今日五族平等之说，庸有何伤？且其除弊政而振乾纲，著《朋党论》而督诫廷臣之阿私，更考试旧制而责成徇私取士之宿患，革削隶籍与山西乐户以除奴隶之陋习，升棚民惰民于编氓以持平阶级之善政，在位十有三载，而使中外臣服，平民感恩，济康熙宽柔而以刚猛，故有乾隆坐享六十余年升平之盛世。微雍正，岂偶然可致哉！递此以降，清室帝才，卑卑无所建树。乾隆以后，衰乱已陈。论清史者，每比雍正为汉景之刻薄。核实言之，汉景碌碌，不足为埒，未必可为定论。迨其生死之际，事涉臆测，抑犹仇者之诅咒，盖吾汉族先民所期望杀之而甘心之说欤！霸才已矣，王业不足凭。英明如雍正者，孰知于一代事功之外，独以编著禅宗语录而传世未休。于此而知学术为千秋慧命大业，非毕世叱咤风云之士所可妄自希冀也。若使雍正有知，当于百尺竿头，废然返照，更求向上一著，行证解脱于禅心乎！

（一九六六年，台北）

重印足本《憨山大师年谱疏证》前言

佛教大小乘各种说法，自始至终，无非为修行证果而设。圣远时遥，说理者愈多，真修实证者愈少，致使平实如理之言，堕为支离破碎之见，流布虽广，益增俗谛妄想而已，欲求修行证果经验之谈，如飞空鸟迹，无迹可寻。至若中国先贤修行实证事迹，虽有历代《高僧传》等之作，又皆限于史书体例，简而不详。后世各宗派中，素以注重修证标榜，如西藏密宗，将一生成佛作祖记载，明白显示传述者，亦不多觏，唯《密勒日巴尊者（又译称木讷祖师）传记》，较为具体而脍炙人口，学者顶礼膜拜，赞叹景仰无已。尊者苦行精神，甚为稀有，然求之中国内地先贤行谊，能发大勇猛心，志诚求道者，亦代有其人。唯以谦光自牧，不自宣说其难行能行，难忍能忍之德，且后人为之立传，述其苦行之事，亦但称"幽栖岩穴，木食涧饮"，或"胁不至席，昼夜行道"等寥寥数字，即已概其生平。致使后之学者，视为具文，昧于微言大义，怠思忽辨，而轻掉失之。

明代佛教，人才随时衰竭，世称明末四大老者，如憨山、紫柏、莲池、蕅益，皆有特立独行高风，传述后世，而当时诗僧如苍雪法师者，犹不预其次。然欲推寻明、清间朝野轶史，凡此方外数老之文献掌故，皆为史料遗珍，不宜忽视。憨山大师者，以不世之才，居僧伽领袖，言行攸关朝野，著述影响士林，尤其苦节修持，精勤向道，求之末世法门耆宿，并不多见。《憨师年谱》，自经其门弟子福徵疏证，于修证实验之处，向为禅门所借镜，尤足珍惜。余于一九四八年间，避世来台，箧中携有此书，后经人借去影印，惜司其事者，为省节篇幅，不识疏证所述修持经验之重要，概略删除。买椟还珠，此心常为耿耿，今经宋今人、巫文芳两居士发起重印，至诚随喜赞叹，乐助其成，并为拈提所当著眼数事如次：

一曰：即生成就与即身成就。佛法自元、明以还，世传密宗有即身成就之实，禅门唯即生成就之果。实则，未必尽如所云，经云："方便多门，归元无二"，不但禅密归趋之极则不二，即各宗修持圆满极果，皆亦同归一致。唯禅宗与显教各门，视身物如梦如幻，留形住世与即幻归真，原皆余事，故现在不重"色不异空"之旨，直取无上菩提，诞登正觉。藏密依心物不二之宗，趋心能转物之途，即从形色而修真，依地、水、火、风四大自性而修气修脉，证"空不异色"之趣，故或即生而证身通，间能有之，例如密勒日巴尊者临寂之际，饮毒药如醍醐，慈悲喜舍而逝，与憨山及诸禅师等肉身委蜕，历劫数百年而犹存瞻仰，其趣并无二致，不可徒生凡夫分别知见。

二曰：文化根基之差别。余于昔时，尝亲近康、藏佛教密乘之修法，极为钦迟藏密学者信仰之诚，笃行之切，故修学行人，或多或少，易得觉受。至于显密各宗学人，说理谈禅，容或悦耳可心，求其实证之见地功用，则百无一是。旋经再三思维，乃知与地方民族之文化根基有关，例若憨山大师，立身于明末之世风，学兼儒、道之长，精通文教慧业，然能放下一切，至于一字不识之境，独求真修实证于冰雪丛山，其难能可贵之处，尤足多者。倘能细读《密勒日巴尊者传记》，与《憨师年谱》异同之处，不待言而可知其殊途同归之理。

三曰：苦行之异同。隋时僧那禅师有言："祖师心印，非专苦行，若契本心，发随意真光之用，则苦行如握土成金。若唯务苦行而不明本心，为憎爱所缚，则苦行如黑月夜履于险道。"佛用梵语称此世间为"娑婆世界",义译谓之"堪忍"。凡大乘志士,身入世而心出世,密符六度万行之教,无一而非难行难忍之德。密勒日巴尊者以一身苦行而求道,先证自度而后度人,功德无量。憨山大师具大坚忍之力,即此世间而备历人情险巇,运大悲大勇大智之量,周旋于帝王将相与贩夫走卒之间,虽毁誉相乘并隆,而持心不动,如履冰棱,如踏剑刃,其险难苦行,未可因形迹之异,而轻掉不恭,视与独居苦行之修为为异德也。

四曰:定慧之辨别。无论大小乘之教,与禅密各宗佛法,得大自在解脱之极则者,实为慧悟之道果,或顿或渐,言悟言迷,皆为道慧之权名,此乃佛法所谓不共之密也。至于定学,乃心止一境,精勤专注所生之境界,是乃内外各教,与异宗外道通途之共法,佛法亦依定境而证慧果,但取禅定为慧学之梯阶已耳。且定境中之觉受(三昧),有无量差别,然皆从心缘一境所引起,《憨山大师年谱》所记:在五台冰雪堆中,及居弟子家中,忽入于寂忘定境,经多日而觉,及在盘山顶上,与崂山海滨,证海印发光三昧之境,此皆因五阴自性,为用工逼切所发定境之力,并非为禅悟之极果。亦如密乘学者修得飞身绝迹,或相似神通之用,皆为四大五阴自性引起之功用,不可视为佛法之极则,其理趣一如也。后世学者习禅,昧于真知灼见,每因误解先贤工用过程妙境,往往以求得顽空寂默,或神通妙用,为禅之究竟者,对此不能不辨,庶免陷于枯禅与阴魔之窠臼。虽然,末世人心障浊,当勿轻视空寂之易得,苟能得达心空神足而为历阶,机缘纯熟,得良匠而加以锻炼,较之未能入流者亦多殊胜矣。

五曰:憨师之道缘。禅宗振盛于唐宋,衰落于元朝、明代三百年间,大抵皆宗承有本,一脉单传,仍如隋、唐以前之潜符密行。当憨师住世之时,禅门硕德如密云圆悟禅师等,法席隆盛于天童、育王等处,然皆偏于江南也。憨师初从教下入手,自后行脚苦参,亦唯往来于山东、山西一带，其后名动公卿，望重朝野，仍局于北方，未曾南行参学，晚年遭贬以后，方流于岭南而退居匡庐。憨师生平所学，皆从教下而自入于禅，与禅宗传统之宗门无涉，观其年谱或所撰文献中，与南方宗门名宿，极少往还，而明末禅宗传统记载中，亦不以憨师涉入，故憨师终生行履，与紫柏禅师，亦略异其趣。后学常举憨师而拟论禅宗，辄生误解，于此不得不加辨别，然于憨山大师之证悟高风，毫无贬抑，此又不能不知也。

六曰：出世与入世。小乘佛法行径，以遁迹山林，专志涅槃，不循世道为尚。大乘以出世而入世，入世而出世为自利利他之业。若以行谊而论，中国历代高行沙门中，颇多榜样，如玄奘法师辞唐太宗畀以宰辅之邀，坚不还俗，诚为盛名高位沙门之第一楷模。然以出世之身，阴辅太宗治世之德，其功非浅。南宋大慧宗杲禅师，以出世之身，激扬士林忠君爱国之忱，不遗余力，终遭秦桧之忌而受贬，堪为高蹈缁流之典范。明末憨山大师因牵涉立储而遭遇忌贬，而终不失于律仪，砥砺道业于造次颠沛之中，较之先贤，并无逊色。至若南朝陆法和，统帅江南，介于亦僧亦俗之间。元代刘秉忠，屈志功名，保存国家民族命脉。明代姚广孝，甘遭世谤而羽翼成祖，化其滥杀狂心。此皆苦节存心，盖棺而不求世谅之金刚道慧，迥非凡夫俗眼可测其造诣之高深也。今并举之以供读《憨师年谱》者之助识，冀于文字言语之俗谛外，别得深心省悟之旨也。

（一九六七年清夏，台北）

《禅与道概论》前言

去秋今春，两度应刘白如先生之约，在政大教育研究所讲述道佛两家学术思想与中国文化。初拟以最短时间，有限范围毕其事。孰知言难局约，怅触多端，繁芜散漫不得中止。两次讲辞之半，又经《大华晚报》披露，致使爱憎之者，函电催梓全文，欲了知其究竟。秋初白如先生远游前夕，犹以速印为辞。且杨管北先生亦愿印赠送本三千册，乐为之助。乃冒溽暑深宵，匆匆整理讲稿付梓，纰漏错谬，情多惶恐。居常有意贯串儒释道三家源流，叙述其与中国文化上下数千年之通论，然默计时间与篇章，若非尽多年之力，穷数百万言之辞，难概其要。自忖学养未逮，动遭悔咎。况人事丛脞，日不暇给，每又为之辍止。倘天假以年，或于晚岁成之，亦未可必也。本书所述，仅举其端倪，就正大雅而已。且在酷热清稿期中，适逢内外诸多障难，幸而有成，实得力于林登飞、汤宜庄、徐芹庭、孙毓芹、宋今人、汤珊先诸君之力，并此致谢，以志念也。

（一九六八年中秋，台北）

附：

宋明理学与禅宗[*]

本题是一个极其广泛的问题,如果要穷源溯本,牵涉之广,几乎上及周、秦,下至现代,可以概括中国文化全部的发展史与演变史。现在为了讲解的方便,姑且借用目前流行的西历纪元,作为代表时代性的计算方法,大约可分为七个阶段,极其简要地说明其要点。又再概括它的内容来讲,则可归纳为两大重心:一、从历史分判中国文化思想的大势。二、简介理学与禅宗的关系。

提到历史文化的演变与发展,我们可以再用一个新的观念来说,在人类历史文化的发展过程中,有两个非常尖锐对比的事实,它始终存在于历史的现实之中。

(一)为人尽皆知的历史上治权的事实,包括古今中外历代帝王的治权,这是一般人所谓的大业。

(二)为学术思想的威权,它虽然不像历史上帝王治权那样有赫赫事功的宝座,但是它却在无形之中领导了古今中外历史的趋向,而非帝王将相之所能为。过去中国的文化界,尊称孔子为"素王",也便是内涵有这个观念。这是千秋大业,也许当人有生之年,却是长久的寂寞凄凉,甚至是非常悲惨的,可是它在无形之中,却左右领导了历史的一切,而且它有永久的威权和长存的价值。

---

[*] 本文系一九七二年二月六日上午,南教授应孔孟学会邀请专题演讲之讲词记录。

前者在庄子与孟子的共同观念中，应该称之谓"人爵"；后者称之谓"天爵"。而且我们借用孟子的"五百年必有王者兴，其间必有名世者"的两句话来讲，在人类历史文化发展史上，的确若合符节，并非虚语。因此，我们在前面说过，姑且借用西历纪元作标准，以五百年作一阶段，简要地说明本题的内涵。

一、从历史分判中国文化思想的大势

（一）周代文化——文武周公阶段

本题为了针对儒家学术思想的趋势来说，因此断自周代文化开始，换言之：第一个五百年间，便要从周公的学术思想开始（约当公元前一一一五——一〇七九年间）。因为孔子的学术思想，是"祖述尧舜，宪章文武"，而且也自认为随时在梦见周公，推崇"郁郁乎文哉"的周代文化，是集中国上古以来文化的大成。

（二）孔孟思想的阶段

第二个五百年，约始自公元前五七一——五四五年间，才是孔、孟思想兴起的阶段。孔子生于周灵王二十一年（公元前五五一年）。孟子生于周烈王四年（公元前三七二年）。由此而经六国到秦、汉时期（公元前二五五——二〇二）。孔、孟与儒家的学术思想，虽然崛立于鲁卫之间，但当此时期诸子百家的学术思想普遍流行，道、墨、名、法、纵横、阴阳等家，弥漫朝野，它被诸侯之间所接受和欢迎，还胜于孔、孟思想。即如汉初统一天下，从文景开始，也是重用道家的黄、老思想。一直到公元前一四〇年间，由汉武帝开始重视儒术，再经公孙弘、董仲舒等的影响，因此而"罢黜百家，一尊于儒"。孔子的学术思想，和董仲舒等所代表的儒家思想，才从此而正式建立它的学术地位。这也正是司马迁所说："自周公卒，五百岁而有孔子。孔子卒后至于今五百岁，有能绍明世，正易传，继春秋，本诗、书、礼、乐之际，意在斯乎！意在斯乎！小子何敢让焉。"的阶段。但在西汉这一阶段的儒家学术思想，着重在记诵辞章与训诂之学，并无性命的微言与道统问题的存在。而且当时的代表大儒董仲舒，他是集阴阳、道家思想的儒学，也可以说是外示儒术、内启阴阳谶纬之学先声的儒学。至于公孙弘等见之于从政的儒行，几近"乡愿"，远非孔、孟的精神，司马迁在《史记》上列述公孙弘的史事，备有微言，不及细述。

（三）儒、道、佛文化思想的交变阶段

到了第三个五百年，正当西历纪元开始，也正是新莽篡位到东汉的时期（王莽于公元九年正式篡位。而且扬雄所著《太玄》的术数之学，另启东汉阴阳术数的儒学思想之渐）。由此经汉末到三国之间，也正是儒家经学的注疏集成阶段，将近三百年来两汉的儒学，到此已近于尾声。代之而起的，便是中国文化史上有名的"三玄"——《易经》《老子》《庄子》之学的抬头。从此历魏、晋、南北朝而到梁武帝的阶段，便是佛教禅宗的初祖——达摩大师东来的时期（梁武帝自公元五〇三年建国，达摩大师的东来，约当公元五一三年间的事）。我们必须注意王莽的思想，也是承受儒家政治思想的一脉，以恢复井田制度的理想为目的。但他缺乏心性修养之学的造诣，与孔、孟的儒学思想无关。

在这第三个五百年间，自汉末三国之际，由于佛教传入之后，儒、佛、道三家的优劣，和宗教哲学的争论，以及有神（非宗教之神的观念）与无神之辩，一直延续到隋唐之际。有关这些文献的资料，我们都保留得很多，可惜注意它的人并不太多。因此可说这个时期，是儒、道、佛文化思想的交变阶段。

其次佛教的各宗，也在此阶段开始逐渐萌芽。例如与禅宗并重的天台宗，也自梁天监十三年到唐贞观年间正式形成。负有盛名的天台宗智者大师，便在隋开皇十七年间才开张他的大业。

如果以儒家学术为主的立场来讲，这五百年间可以说是儒学的衰落时期。

（四）隋、唐文化与儒、道、佛及理学勃兴的阶段

第四个五百年，便是隋、唐文化到宋代理学兴起的阶段。中国佛教十宗与中国佛学体系的建立确定，便是由隋到初唐而至于天宝年间的事（约当公元六〇〇—七五六年间）。但这个阶段，却是中国文化最光荣的阶段，也可以说是唐代文化鼎盛的阶段，可是儒家的学术思想，除了词章记诵以外，并无太多义理的精微。其中最值得一提的：

（1）便是文中子融会儒、道、佛的学术，影响领导初唐建国的思想颇大。

（2）其次，便是孔颖达有关儒学注疏的撰解，以及天宝年间李鼎祚《易经集解》的完成，都对汉儒之学有其集成的功劳。

禅宗的兴盛：但自唐太宗"贞观"之后，从达摩大师传来一系的禅宗，南能（在南方的六祖慧能）和北秀（在北方的神秀）之后嗣，便大阐宗风，风靡有唐一代。我们如果强调一点说初唐的文化，便是禅的文化，也并不为过。但在此时期，道教正式建立，道家和道教的学术思想，自"贞观"以后，也同禅宗一样，同样地具有极大的影响力，因为佛教受到禅宗影响而普遍地宏开，于是引起中唐以后，中国文化史上有名的韩愈辟佛事件。

韩愈辟佛开启宋儒理学的先声：韩愈辟佛事件及其著作《原性》《原道》和《师说》的名文，是在唐宪宗"元和"间（约当公元八一九年）的事。我们说句平实的话，只要仔细研究韩愈的思想和

当时文化与宗教的情形，与其说韩愈是在辟佛，毋宁说韩愈是在排僧，或者可以说激烈地在排斥佛教的形式而已。至于韩愈在《原道》中所提出"博爱之谓仁"的思想，那是从他专门研究墨子思想的心得，融化入于儒家思想之中。一般人都忘了韩愈的学问，致力最深的是墨学，因为后世很多人忘记了这个重点，便人云亦云，积重难返了。其实，除了韩愈的辟佛，渐启后来宋儒理学的先声之外，真正开启宋儒理学思想的关键，应该是与韩愈有师友关系的李翱所著之《复性书》一文。

禅宗五家宗派的隆盛：由大历、大中（公元七六六—八五九年）到元和、咸通、开成、天复（公元八〇五—九〇四年）乃至五代周显德（公元九六〇年）之间。禅宗的五家宗派，鼎峙崛起，各自建立门庭，互阐禅宗。如沩仰宗所建立〇（圆）相的旨趣，开启宋代"太极图"的先河。曹洞宗的五位君臣，取《易经》重离之卦的互叠作用，激发宋代邵康节的易学思想。临济宗的"三玄三要"之旨，对宋儒理学的"太极涵三"之旨趣，极有影响。

此外，云门宗和法眼宗的说法，也都与理学有息息相关之妙。

（五）宋儒的理学阶段

第五个五百年，便是继晚唐五代以后宋代儒家理学的兴起。宋太祖的建国，正当公元九六〇年间的事。到了乾德五年（公元九六七年）便有中国文化史上有名的"五星聚奎"的记事。这个天文星象的变象，也就是后世一般人认为是感应宋初"文运当兴"的象征。因此认为宋初产生了理学的五大儒，就是"五星聚奎"的天象应运而生的。

到了宋仁宗景德年间（约当公元一〇〇〇年间），儒家的理学大行，已有要取禅宗而代之的趋势。但在此之先由宋真宗开始，道教也大为流行，一直影响了徽、钦北狩和高宗南渡的局面。在此同时可以注意的，便是公元一〇六八年间，宋神宗起用王安石，又想要恢复井田制度等的理想，因此宋代的党祸和理学门户之争，便也在此时期揭开了序幕，这是中国文化学术史上一件非常遗憾，也许可以说是一件很有趣的史事。

可是在当此之前五百年间，禅宗的王气将衰，到了这个五百年间，宋代五大儒的理学思想，崛然兴起而替代了禅宗五家宗派的盛势，虽曰人事，岂非天命哉！

（六）明代理学与王学的阶段

第六个五百年，就是由宋儒朱熹、陆象山开始，经历元、明而到王阳明理学的权威时期。朱熹生在建炎四年（公元一一三〇年），卒于庆元六年（公元一二〇〇年）。陆象山生于绍兴九年（公元一一三九年），卒于绍熙三年（公元一一九二年）。朱熹的"道问学"和"集义之所生"的宗旨，和陆象山的"尊德性"而直指心性，不重支离琐碎的探索，便是中国文化史上非常有名朱、陆思想异同之争的一重学案。到了明代宪宗成化、嘉靖之间（约当公元一四七二一一五二八年间），王阳明理学的思想大行，从此以后，中国文化思想的领域，大半都是陆、王的思想。

由此经明武宗而到万历，王学大行，末流所及，弊漏百出，终至有"圣人满街走，贤人多于狗"之讥。理学到此，已势成强弩之末，也与禅宗一样，都有等分齐衰之慨了。

（七）清代经学与理学的阶段

第七个五百年，就是清初诸大儒，如顾炎武、黄梨洲、顾习斋、李二曲等人，遭遇国亡家破之痛，鉴于明末诸儒"平时静坐谈心性，临危一死报君王"的迂疏空阔，大唱朴学务实，学以致用于事功的成就。一变明末理学的偏差，大有宋儒陈同甫、辛弃疾的风范。而且极力鼓吹民族正气的良知,延续中华民族的正气和中国文化的精神,因此影响直到清末而产生了国父孙先生的思想,如"建国方略"和"心理建设",等等,也可以说是承接顾炎武、黄梨洲之后而继孔、孟儒家思想,融会古今中外的文化学术而构成简明易晓的大成。

由清兵入关而到"甲申"建国的时期,也便是公元一六四四年间的事,从此自十九世纪的末期而到现在的二十世纪,我们的学术思想和历史文化,又遭遇一个古今中外未有的巨变阶段。理学的形式和禅宗的新姿态,似乎正在复活,它将与古今中外的洪流,有接流融会的趋势。衡之历史的先例,以及"易经"术数之学的证验,很快的将来,新的中国文化的精神,必将又要重现于世界了。孟子说:"五百年必有王者兴,其间必有名世者,由周而来,五百有余岁矣。以其数,则过矣,以其时考之则可矣。"我们这一代的青少年们,真需要发心立志,记住张横渠的:"为天地立心,为生民立命,为往圣继绝学,为万世开太平"的名训,作为国家、为自己事业前途的准绳。

二、理学与禅宗的关系

我们已就历史的观念,分判中国文化思想的大势,有关禅宗与理学兴起的大概,便可由此而了然于心。至于理学与禅宗学术思想交互演变的详情,实非片言可尽,现在仅就其要点,稍作简介,提供研究者参考之一得,其间的是非得失,则各有观点的不同,"道并行而不悖",要亦无伤大雅也。

(一)理学名词的问题

宋儒的理学,原本只是远绍孔、孟、荀子以来儒家的学术思想,起初并无专以"理"字作为特定的名词。自周濂溪以下,讲学的方式，已经一变性与天命，夫子罕言的风格，动辄便以天人之际的"宇宙"观与形而上的"道体论"作根据，由此而建立一个人生哲学的新体系。濂溪以次，以"理气""理欲"等新的名词，用作心性之理的整体的发挥，因此后世便以宋儒的儒学，别称谓"性理学"，简称叫做"理学"。《宋史》对此，又别创体裁，特在《儒林传》之外，又另立《道学传》的一格，专门收罗纯粹的"理学家"，以有别于"儒林"。其实，无论周、秦以来的儒家，以及孔、孟的学术思想，并无特别提出以"理"驭"气"，或"理气"二元并论，同时亦无以"天理"与"人欲"等等规定严格界别的说法。至于根据《说卦传》的文言，以"穷理尽性以至于命"的"理"字作根据，确定"理学"家们"理"即"性"，"理"即"天"的定论，那是有问题的。况且《说卦传》是否为孔子所作的可靠性，也正为后世所怀疑，事非本题的要点，所以姑且略而不论。

在中国文化思想的领域里，正式以"理"字作为入道之门的，首先应从南朝梁武帝时期，禅宗初祖达摩大师所提出的"理入"与"行入"开始，从此而有隋、唐之间，佛学天台宗与华严宗的分科判教，特别提出修学佛法的四阶段，从"闻、思、修、慧"而证"教、理、行、果"以契合于"信、解、行、证"的要点，因此而有特别重视"穷理尽性"的趋向，由教理的"观行"而契证"中观"的极则（包括形而上的本体论与形而下的形器世间——即由宇宙论而到人生哲学）的涵义。确立为事法界（形器与人物之间）、理法界（理念与精神之际）、事理无碍法界、事事无碍法界的"四法界"观念。应为开启宋儒契理契机的强有力之影响。关于华严"四法界"之说，但读唐代澄观法师、圭峰法师、李长者等的巨著可知，恕不详及。

但华严宗的大师，如澄观、圭峰等，都是初游禅宗之门而有所得，从此宏扬教理，特别提倡华严思想体系的建立，融会禅理与华严教理的沟通。因此互相影响，到了中唐以后，如创立沩仰宗的沩山大师，提倡："实际理地（对心性与宇宙贯通的形而上本体的特称），不受一尘。万行门中（指人生的行为心理与道德哲学），不舍一法"的名言，特别强调"理地"作为心性本际的标旨。从此"实际理地"的话头，便流传于禅宗与儒林之间极为普遍。

综合以上所讲自梁武帝时代，达摩大师提出"理入"法门开始，和天台、华严等宗对于"理"的观念之建立，以及沩山禅师提倡"实际理地"的名言之后，先后经过五百年间的互相激荡，因此而形成宋儒以"理"说性的种种思想，便成为顺理成章的事实了。其间学术思想的演变与发展，以及互受影响的种种详实，已可由此一斑，而得窥全豹了。

其次，在唐代宗大历、大中迄开成、天复之间，沩山、仰山师徒所建立的禅门，以九十六〇（圆）相纲宗（包括圆相、暗机、义海、字海、意语、默论等六重意义）。洞山、曹山师徒以重离䷝卦而立五位君臣的宗旨。因此演变发展而逐渐启发周濂溪的《太极图说》，与邵康节易理象数的哲学思想，都有极其密切的关系和迹象可寻。但因涉及文化思想史的考证范围，又非片言可尽。现在只能举其简略，以资参考而已。至于沩仰与曹洞师徒的〇（圆）相与重离思想的来源，则又自挹注《易经》与道家的观念而注释禅修的方法，那又别是一个问题，以后另行讨论可也。

（二）周濂溪游心禅道的资料

相传周茂叔曾经从学于润州（江苏镇江）鸿林寺僧寿涯，参禅于黄龙（山名）慧南禅师，及晦堂祖心禅师。又尝拜谒庐山归宗寺之佛印了元禅师，师事东林寺僧常聪。释感山所著《云卧纪谈》谓："周子居庐山时，追慕往古白莲社（晋代净土宗初祖慧远法师所创立）故事，结青松社，以佛印为主。"常聪门人所著《纪闻》谓："周子与张子得常聪'性理论'及'太极、无极'之传于东林寺"。

又，周濂溪常自称"穷禅客"，这是见于游定夫的语录中的实话。至于他所作的诗，经常提到与佛有缘的事，并不如后代理学家们的小气，反而讳莫如深。例如《题大颠壁》云："退之自谓如夫子，原道深排佛老非。不识太颠何似者？数书珍重寄寒衣。"（因韩愈在潮州时，曾三函大颠禅师。在袁州时，曾布施二衣）故茂叔诗中特别提出此事。《宿山房》云："久厌尘劳乐静玄，俸微犹乏买山钱。徘徊真境不能去，且寄云房一榻眠。"如《经古寺》云："是处尘埃皆可息，时清终未忍辞官"。至于周子的《通书》四十章，揭发"诚"与"敬"之为用，实与禅宗佛教诚笃敬信的主旨，语异而实同，不必详论。

（三）邵康节学术思想的渊源与曹洞宗旨的疑案

关于邵子的学术思想，如果说是出于道家，这是不易引起纷争的事。倘使有人认为他与禅宗有关，那么可能就会引起哗然訾议了。但由多年来潜心研究的邵子的易象数之学与《皇极经世》的观物内外二篇的思想，愈加确立此一信念。至少可说邵子对易学的哲学观念，实为远绍禅、道两家的思想启发而来。即如他所祖述的陈抟本人的思想，亦与禅宗具有密切的关系。此事言之话长，今但就最简要易晓的略一说明而已。

今据大家手边易找的资料，如全祖望在《宋元学案》的叙录说："康节之学，别为一家。或谓《皇极经世》，只是京、焦末流。然康节之可以列圣门者，正不在此。亦犹温公之造九分者，不在潜虚也。"黄百家云："周、程、张、邵五子并时而生，又皆知交相好⋯⋯而康节独以图书象数之学显。考其初，先天卦图，传自陈抟；抟以授种放，放授穆修，修授李之才，之才以授先生。顾先生之教，虽受于之才，其学实本于自得⋯⋯盖其心地虚明，所以能推见得天地万物之理。即其前知，亦非术数之比。"据此以推，陈抟为唐末五代间人，陈抟之先，先天八卦图，又得授受于何人？唐以前无之，亦如理学家在唐以前，并无此说是一样地截流横断而来，岂非大有可疑者在也？如果推求于禅宗的五家之中，曹洞师徒，便已开其端倪。虽然对邵子的术数之学，略无牵涉，但陈抟与邵子的易象数之学，与唐代的一行禅师的术数之学，都有关联之处。根据易理象数而言宇宙人物生命之本元问题道（哲学）的思想，与曹洞宗旨，却极其"性相近也。习相远也"。其中理趣，大有可观，唯限于时间篇幅，仅略一提撕，提起研究者之注意而已。

曹洞宗据重离䷝卦的五位君臣说：五位乃洞山良价禅师所创，借易之卦爻而判修证之浅深（名为功勋之五位，为洞山之本意），示理事之交涉（名为君臣之五位，为曹山之发明）。洞山禅师以"━━"代表正也、体也、君也、空也、真也、理也、黑也。"━ ━"代表偏也、用也、臣也、色也、俗也、事也、白也。并取离卦回互卦变之而为五位。其叠之次第：1.重离卦䷝。2.中孚卦䷼，取重离卦中之二爻加于上下。3.大过卦䷛，取中孚卦中之二爻加于上下。4.巽卦䷸，取单离，以其中爻回于下。5.兑卦䷹，取单离，以其中爻回于上。

洞山禅师又由爻之形而图黑白之五位：1.䷸巽卦●君位。正中偏：正者体也、空也、理也。偏者用也、色也、事也。正中之偏者，正位之体处，具偏用事相之位也。是能具为体，所具为用，故以能具之体，定为君位。学者始认体具之用，理中之事，作有为修行之位，为功勋五位之第一位。配于大乘之阶位，则与地前三贤之位相当。2.䷹兑卦◯臣位。偏中正：是偏位之用，具正位之体之位。因之以能具之用，定为臣用，即君臣五位之臣位也。在修行上论之，则为正认事具之理，用中之体，达于诸法皆空真如平等之理之位，即大乘之见道也。3.䷛大过卦⊙君视臣。正中来：有为之诸法如理随缘，如性缘起者，即君视臣之位。学者在此，如理修事，如性作行，是与法身菩萨由初地至七地之有功用修道相当者。4. ☲中孚卦●臣向君。偏中至：事用全契于体，归于无为者，即臣向君之位。学者于此终日修而离修念，终日用而不见功用，即由八地至十地之无功用修道位。5. ☲重离卦●君臣合。兼中到：是体用兼到，事理并行者。即君臣合体之位，为最上至极之佛果也。

以上就法而论，事理之回互，为君臣之五位。就修行上而判浅深，为功勋之五位。

上面仅就部分的研究资料而说，其他如洞山良价禅师因涉溪水照影而悟道的偈语说："切忌从他觅，迢迢与我疏。我今独自往，处处得逢渠。渠今正是我，我今不是渠。应须恁么会，方得契如如。"它与邵康节的："冬至子之半，天心无改移。一阳初动处，万物未生时。"以及邵子观物吟："耳☲目☲聪明男子身，洪钧赋与不为贫。因探月窟方知物，未蹑天根岂识人。乾☰遇巽☴时观月窟，地☷逢雷☳处见天根。天根月窟闲来往，三十六宫都是春。"其间的思想脉络互通之处，实在是颇饶寻味。至于《皇极经世》书中，假设"元会运世"的历史哲学之观念，与佛学"成住坏空"的"劫运"、"劫数"之说，更有明显的关连。总之，邵子之学，发明禅道两家的学术思想之处甚多，义属专题，一时也恕难详尽。

（四）张横渠排斥佛老与佛道之因缘

与周濂溪、邵康节同时而稍后的理学家，便有张载和二程——程颢、程颐。张横渠少有大志，喜谈兵。尝上书干谒范仲淹。仲淹对他说："儒者自有名教可乐，何事于兵？"授以《中庸》。乃立志求学。初求之佛、老，后恍然曰："吾道自足，何事旁求？"世传横渠之学，以"易"为宗旨，以"中庸"为目的，以礼为体，以孔、孟为极。但是横渠的任气尚义，在气质上，与孟子的风格，更为相近。

周濂溪的学说，在"太极"之上，加一"无极"。其用意，似乎为调和儒家的"太极"与道家的"无极"。有人说濂溪"太极"的涵义,犹如佛学的"依言真如"。"无极"的涵义,犹如佛学的"离言真如"。但他说"无极"而"太极",则又似佛说"性空缘起",以及老子的"有生于无"。

张横渠只说到"太极",并不提"无极"。但他对于"太极"的解释,又不可说是"无"。而且他批评老子"有生于无"之说,以为错了,又是以"有"作根据的。自语相违,互自矛盾之处甚多。这是周、张二人思想的根本不同之处。横渠说出"气"字,又提出性有"天地之性"与"气质之性"的不同。周濂溪对于佛教,很少有显著排斥性的批评。张横渠的著作中,排佛之言甚多。例如驳斥佛学"以山河大地为见病,以六合为尘芥,以人生为幻妄,以有为赘疣,以世为荫浊"。又说:"彼语寂灭者,往而不反;徇生执有者,物而不化。二者虽有间矣,以言乎失道,则均焉"等等,大体都是粗读《楞严经》的"世界观""人生观"而立论,并未深知《华严》《涅槃》经等的理趣。但他在《西铭》中,开示学者,"民吾同胞,物吾与也"的观点。以及他平时告诫学者"为天地立心,为生民立命,为往圣继绝学,为万世开太平"等观念,则又似佛学的众生平等,因此兴起"同体之悲,无缘之慈",以及视心佛众生为"正报",山河大地为"依报"之说的启发交变而来。至于上述他的著名之"四句教",简直与禅宗六祖慧能教人的"无边众生誓愿度,无尽烦恼誓愿断,无量法门誓愿学,无上佛道誓愿成"完全相似。又如他在《正蒙》中所称的"大心",便是直接套用佛学"大心菩萨"的名词和涵义,而加以儒家化的面貌而已。也可以说,他是因袭禅宗六祖的思想而来的异曲同工,也并不为过。关于张横渠所著的《正蒙》,以及他的"理气二元"的立论,则大半是抱取道家的思想,启发易理观念,这也是事实。这些都是从他"初求之佛、老"而得来的启迪,大可不必有所讳言。

（五）二程的思想与禅佛

二程——兄颢（明道先生）、弟颐（伊川先生），"少时，从学于周濂溪，慨然有求道之志，后泛滥诸家，出入老、释几十年，返求诸六经而后得之云"。根据《宋史》记载这些有关的资料，宋儒的理学大家们，几乎都是先有求道之志，而且都是先求之于佛、老若干年或几十年后，再返求诸六经或孔、孟之说而得道的体用。我们都知道，六经与孔、孟之书，至今犹在。佛、道之书，也至今犹在。大家也都读过这些书，究竟是六经与孔、孟之书易读，抑或是佛、道之书难读，这是不须再多辩说的问题。同时佛、老之"道"，其"道"是什么？六经、孔孟之书，其"道"又是什么？这个问题，界限也极其分明。真不明白何以他们都愿意把这些问题，混作一谈，便说"'道'在是矣"的含糊话，这未免使"理学"的声光，反而大为减色。至于二程之学，如较之周、张、邵子，则在气度见地上，早已逊有多筹了。

《宋史·道学传》说大程子"出入老释几十年"，其弟伊川也如此说他。但明道的辟佛与非禅之语有说："山河大地之说与我无关，要简易明白易行。"这是他批评《楞严经》的话。如用现代眼光来看，简直是毫无科学头脑，非常颟顸。因此可以说他的"理学"思想，也只属于"心理道德"的修养学说，或者是"伦理"的养成思想而已。又如他批评《华严经》的"光明变相，只是圣人一心之光明"。未免太过笼统，不知此语已自落入禅家机锋转语的弊病，并非真知灼见。又如批评《涅槃经》要旨"一切众生皆有佛性"的话，他便说："蠢动含灵，皆有佛性为非是。"更是缺乏哲学思辨主题的方法。余如说："道之不明，异端害之也。昔之害近而易知，今之害深而难见。昔之惑人也，乘其暗迷；今之惑人也，由其高明。与云穷神知化，而不足开物成务；其言无不同偏，实外于伦理，穷深极微而不入尧舜之道。"这些都是似是而非，隔靴搔痒的外行话。佛道与儒家的尧舜思想，本来就是两回事，不必混为一谈，多此一辟。而且佛学中再三赞扬治世的"转轮圣王的功德，等同如来"的福业，也并不专以出世为重而完全忽略入世的"伦理"思想。所谓"转轮圣王"，便有近似儒家所谓"先王之道"的情况。况且佛学大乘的菩提心戒，对于济人利物救世的思想，尤有胜于儒家的积极，他都忽略不知，也甚可惜。至于他批评禅的方法说："唯觉之理，虽有敬以直内，然无义以方外，故流于枯槁或肆恣。"这倒切中南宋以后禅家提倡参究（参话头、参公案等）的方法，以及重视机锋、转语等便认为是禅宗的真谛之流弊，的确有其见地。但他对于真正的"禅"是什么？老实说，毕竟外行，有太多的观念尚待商榷。

程伊川与佛教的禅师们，也常相往来，宋人编的《禅林宝训》中，便有灵源禅师给程伊川的三封信，其中有："闻公留心此道甚久"，"天下大宗匠历叩殆遍"，"则山僧与居士相见，其来久矣"，"纵使相见，岂通唱和"，"虽未接英姿，而心契同风"等语。伊川也曾见过灵源之师晦堂禅师，故灵源有信给他说："顷闻老师言公见处，然老师与公相见时，已自伤慈，只欲当处和平，不肯深挑痛剧"等语。而且还有别的资料，足可证明伊川与灵源禅师等的通问交往，虽老而未断，这等于朱熹要钻研道家的丹道之学，为了一个门户之见的憍慢心所障碍，不肯问道于白玉蟾，到老也没有一点入处，只好化名崆峒道士邹䜣，注述《参同契》一书以自慰了。《二程遗书》又说："伊川少时多与禅客语，以观其学之浅深。后来则不睹其面，更不询问。"但他尝说："只是一个不动之心。释氏平生只学得这一个字"，"学者之先务在固心志。其患纷乱时，宜坐禅入定"。这与以"静"为学的基础一样，同样地都以采用禅定（并非禅宗）为教学的方法。然而他的排佛言论却特别多，尝自言："一生正敬，不曾看庄列佛书。"如果真的如此，则未免为门户的主观成见太深，自陷于"寡闻"的错误。因此他引用佛学，便有大错特错之处，例如说："释氏有理障之说，此把理字看错了。天下惟有一个的理，若以理为障，不免以理与自己分为二。"他对于佛学"理障"（即所知障）的误会，外行如此，岂能服天下知识佛学者之心。并且又不知辨析的方法，不知比较研究的真实性，但在文字名词上与佛学硬争，更落在专凭意气之争的味道了。陆象山所谓："智者之蔽，在于意见。"真可为伊川此等处下一注脚。

至于他教学者的方法说："涵养须用敬，进学则在致知。"在"用敬"之前，又须先习"静坐"。他所讲的"静坐""用敬""致知"的三部功夫，正是由佛学"戒、定、慧"三学的启迪变化而来，但又并不承认自己受其影响，且多作外行语以排佛，反而显见其失。实例太多，不及枚举，暂时到此为止。其他如程明道先生的名著《定性书》文中说："动亦定，静亦定，无将迎，无内外……既以内外为二本，则又乌可遽语定哉！"等观念，完全从他出入佛、老，取用《楞严经》中楞严大定的迥绝内外中间之理，而任运于"妙湛总持"的观念作基础，再加集庄子的"心斋"等思想而来。但对于理学家们的教学修养的价值，那真是不可轻易抹煞的伟著。

我们略一引述宋儒理学家的五大儒，与禅之关系的简要处以外，其余诸儒中，有关这些资料者，多得不及缕述，只好到此暂停了。

（六）有关理学家们排佛的几个观念

根据以上所讲，好像在说宋儒的理学，都是因袭佛、道两家学术思想的变相，理学的本身，便无独特的价值似的。这是不可误解的事，须要在此特作声明。现在只因时间与篇幅的关系，仅就本题有关禅与理学的扼要之处，稍作简介而已。如果必须要下一断语，我们便可以说："禅宗到南北宋时，已逐渐走向下坡，继起而王于中国学术思想界者，便是'理学'。相反地，元、明以后一般的禅宗，或多或少已经渗有'理学'的成分了。"换言之，"理学"就是宋代新兴的"儒家之禅学"。元、明以后的禅宗，也已等同是"禅宗之理学"了。佛学不来中国，隋、唐之间佛教的禅宗如不兴起，那么，儒家思想与孔、孟的"微言大义"可能永远停留在经疏注解之间，便不会有如宋、明以来儒家哲学体系的建立和发扬光大的局面。幸好因禅注儒，才能促成宋儒理学的光彩。

如果再要追溯它的远因，问题更不简单。自汉末佛教传入中国以来，引起学术思想界儒、佛、道三家的同异之争，一直历魏、晋、南北朝而到隋、唐，争论始终不已。由汉末牟融著《理惑论》，调和三教异同之说开始，直到唐代高僧道宣法师汇集的《广弘明集》为止，其中所有的文献资料，随处可见在中国的学术思想界中，始终存在着这股洪流。初唐开国以后，同尊三教，各自互擅胜场，已经渐入融会互注的情况。宋儒"理学"的兴起，本可结束这个将近千年来的争议，但毕竟在知识见解的争论上，更有甚于世俗的固执。理学家们仍然存有许多不必要的意见与误解，因此而使禅与理学，都不能爆放更大的慧光，这是非常遗憾的事。

但在禅宗方面，却一直对儒家思想和理学，并无攻毁之处，甚之，还保持相当的尊重。因为无论学禅学佛的人，只要是读过书的人，都曾受过孔、孟思想教育熏陶，不会忘本而不认账。即使毫未受过教育的学佛者，凡是中国人，对于圣人孔、孟思想的尊敬，也都牢入人心。并且已将儒家和孔、孟的思想，变成个人生活与中国社会形态的中心，极少轻蔑的意识。

理学家们排佛的要点，除了对于"宇宙观"和形而上"本体论"的争辩以外，攻击最力的，便是出世（出家）和入世（用世）的问题。有关"宇宙观"和形而上"本体论"的哲学思辨，理学家们的观点，虽然从出入佛、老而契入《易经》与孔、孟的学术思想范围，毕竟还不如禅佛的高深。此事说来话长，而且也太过专门，暂时不谈。至于有关入世和出世的问题，的确有值得商榷之处。不过他们忘记了在唐、宋以来的中国社会，虽有大同仁义的思想，但并未像现代有社会福利的制度，因此贫富苦乐悬殊，以及鳏、寡、孤、独、残疾、疲癃、幼无所养、老无所归的现象，也是一件非常严重的社会问题。幸好有了佛、道两教出家人可以常住寺观等的制度存在，无形之中，已为过去历代帝王治权和社会上，消弭一部分的祸乱，解决了许多不必要的惨痛事故，未尝不是一件极大的功德。因此而批评离世出家，就等同墨子"无父无君"的思想，那也是一般不深入的看法。这是理学家们，大多都未深入研究大乘佛学的精神和大乘戒律思想的误解。况且墨子思想的"尚同"、"兼爱"、"尚贤"，也并非真如他们所说的完全是"无父无君"的惨酷。不过这又要涉及儒、墨思想的争端问题，在此不多作牵连了。

此外，宋、明以来理学家们讲学的"书院"规约之精神，是受禅宗"丛林制度"以及《百丈清规》的影响而来。理学家们讲学的"语录"、"学案"，完全是套用禅宗的"语录"、"公案"的形式与名称。不过这些都是属于理学与禅宗有关的小事，顺便一提，聊供参考而已，并不关系大节。

总之，本题是有关中国学术思想史的演变与发展的大问题，实非匆促可以讨论的事。当时因为黄得时、钱鞉男两位先生的命题，我只好提出一些有关的简略报告，等于是作一次应考的缴卷，并未能够详尽其词，敬请见谅。

（一九七二年，台北）

《禅话》序
——兼答叔、珍两位质疑的信

清人舒位诗谓:"秀才文选半饥驱",龚定盦的诗也说:"著书都为稻粱谋",其然乎!其不然乎?二十多年来,随时随地,都需要为驱饥而作稻粱的打算,但从来不厚此薄彼,动用头脑来安抚肚子。虽然中年以来,曾有几次从无想天中离位,写作过几本书,也都是被朋友们逼出来的,并非自认为确有精到的作品。

况且平生自认为不可救药的缺点有二:粗鄙不文。无论新旧文学,都缺乏素养,不够水准,此所以不敢写作者一。秉性奇懒,但愿"饱食终日,无所用心",视为人生最大享受。一旦从事写作,势必劳神费力,不胜惶恐之至,此其不敢写作者二。

无奈始终为饥饿所驱策,因此只好信口雌黄,滥充讲学以糊口。为了讲说,难免必须动笔写些稿子,因此而受一般青年同好者所喜,自己翻觉脸红。此岂真如破山明所谓:"山迥迥,水潺潺,片片白云催犊返。风潇潇,雨洒洒,飘飘黄叶止儿啼。"如斯而已矣乎!

但能了解此意,则对我写作、讲说,每每中途而废之疑,即可谅之于心。其余诸点,暂且拈出一些古人的诗,借作"话题"一参,当可会之于心,哑然失笑了!

关于第一问者:

"中路因循我所长,由来才命两相妨。劝君莫更添蛇足,一盏醇醪不得尝。"

（杜牧）

"促柱危弦太觉孤，琴边倦眼眄平芜。香兰自判前因误，生不当门也要锄。"

（龚自珍）

关于第二问者：

"饱食终何用，难全不朽名。秦灰招鼠盗，鲁壁窜鲰生。刀笔偏无害，神仙岂易成。

无留残阙处，付与竖儒争。"（吴梅村）

关于第三问者：

"一钵千家饭，孤身万里游。青目睹人少，问路白云头。"（布袋和尚）

"勘破浮生一也无，单身只影走江湖。鸢飞鱼跃藏真趣，绿水青山是道图。大梦场中谁觉我，千峰顶上视迷徒。终朝睡在鸿濛窍，一任时人牛马呼。"（刘悟元）

（一九七三年，台北）

《庞居士语录》与庞公的禅（代序）

禅宗自中唐以后，阐扬宗风最为有力的，全靠南宗的马祖道一和尚。但马祖与石头希迁和尚又相互呼应，在教授后进方面常常对唱双簧，作育有志继起之士。例如马祖告诫他的弟子邓隐峰说："石头路滑！"便是传诵千古有名的"禅机"风趣。因为马祖教授禅道的手法高明，当时他的门下造就出七十二员南宗禅的大匠，名震朝野。前人有比之如孔子的门人数字，所谓"弟子三千，贤人七十"。但其中大部分都是出家的和尚，只有一位庞蕴居士，始终以在家俗人的身份，参列在中唐时期禅林的名匠之间，颇为当时及后世所乐道、所崇拜。

关于庞居士的传记以及他的悟道因缘与各种事迹，散见各书者虽然大同小异，但皆语焉不详，禅宗汇书如《祖堂集》《传灯录》《人天眼目》《五灯会元》《指月录》等。他书如《唐诗纪事》中的摘要，仍未出于禅门传闻以外。《庞居士语录》所刊无名子《序》一篇，作者之年代姓名皆谦退不具，更无法稽考，且其所叙庞居士的家世等，尤其难辨真实与否。但据我所闻于耆年老宿的口述，亦如此说。无名子之《序》，宋元之间亦早流传，似又不须怀疑。

现在除了考据问题以外，综合各书传叙的庞居士传略，仍然以《指月录》较为可用。因《指月录》在禅宗的汇书中，是最后刊出的著作，作者博洽，大体已经综合各书的意见集成为一介绍，对于庞居士悟道因缘与事迹，亦较有次序，且与《语录》所载亦甚相合，读之颇为方便合理。

传奇的身世

襄州居士庞蕴者,衡州衡阳县人也。字道玄。世本儒业,少悟尘劳,志求真谛。唐贞元初(唐德宗年号,约当公元七八五年间)谒石头。乃问:"不与万法为侣者,是什么人?"头以手掩其口。豁然有省。

后与丹霞为友。一日,石头问曰:"见老僧以来,日用事作么生(怎么样)?"士曰:"若问日用事,即无开口处。"乃呈偈曰:"日用事无别,惟吾自偶谐。头头非取舍,处处没张乖。朱紫谁为号,邱山绝点埃。神通并妙用,运水及搬柴。"头然之,曰:"子以缁耶(出家为僧服)? 素耶(在家为白衣)?"士曰:"愿从所慕。"遂不剃染。

后参马祖。问曰:"不与万法为侣者,是什么人?"祖曰:"待汝一口吸尽西江水,即向汝道。"士于言下顿领玄旨(《指月录》)。

依据各书所载,庞居士先见石头或先见马祖,略有出入。但从《语录》记载,以及他承嗣法统于马祖的事实来看,似乎以先见石头,后见马祖较为合理。

至于他的身世,如《指月录》所述,以及无名子的序言,都说他先世是襄阳(湖北)人,无名子《序》:

"父任衡阳(湖南)太守,寓居城南。建庵修行于宅西,数年全家得道,今悟空庵是也。后舍庵下旧宅为寺,今能仁(寺)是也。"

依据各书所载,庞居士悟道以后,自把所有的资财都沉没在湘水中,此事历代禅门传为佳话。这是各书公认而无异议的记载。那么,庞居士的确出身世家,而且拥有相当的遗产,所以他才有沉珍溺宝,弃之犹如敝屣的豪举,也是不成问题的事实。问题只在于他为什么要那样做?这也是禅门的宗风吗?后文再来讨论。

一口吞江与不作万法之侣

中唐以后南宗的禅,再经马祖的阐扬,盛行于江(西)、湖(南)之间,这是众所熟知的事。庞居士也如一般读书人——知识分子一样,接受时代风尚的影响参禅学佛,并非如东汉以前一样颇为稀奇,也不如现代一样视为落伍。他是当时的读书人——知识分子,也是非常有慧根的人。由他见石头和尚与马祖和尚的问话看来,在未见他们之前,对于佛法的要义已有相当的"知见"和理解。所以一开口便问:"不与万法为侣者是什么人?"

"法"字在佛学中的理趣,代表了一切事、一切理。也可说它代表了一切心、一切物。"万法",当然包括了在世俗间的一切事物,同时也包括了出世间的一切佛法。庞居士一开口便能问:"不与万法作伴侣的,你说是什么人?"可见他对于自己"知见"学理的见解实在颇为自负。

照一般的观念,一个人能做到不与万法为侣当然是一超人。等于说:弗(不)是人,便成佛了。妙就妙在石头和尚的教授法。他对于庞蕴的问题绝口不提,只把一只手掩住他开口问话的嘴巴,使他当时气索面红,半个念头也转不出来。由他反躬自照,的的确确认得自己"不与万法为侣"的是什么,所以才能使他当下休去、悟去。这种宗门的教授法,后世绝少人能作得到,必须要千手千眼,眼明手快,拿得准,认得稳,才可下手接引。如果庞居士事先没有"知见"成就,又没有石头一样的明师手法,岂非一场笑话,不引起两人对打一架才怪呢!

从此以后,他就真的大彻大悟了吗?慢慢来!还有问题的。虽然他能说出:"神通并妙用,运水及搬柴",未必不是口头禅。因为读书人——知识分子学道参禅,在"知解"方面到底占了便宜。但在实证的工夫上，也正因为有太多的"知解"，吃了聪明反被聪明误的亏。好在他有一个同有头巾习气的出家朋友，那便是马祖为他取名外号为"天然"和尚的丹霞。他本来要进京去考功名而考进了"心空及第归"的禅门中来。他俩互相切磋，就此牵牵扯扯来参马祖和尚。本来马祖和石头是一鼻孔出气的同门道友，他两个人的弟子也时常交换教导，二人门下向来就有"寄学生"的惯例。庞居士以丹霞的关系来向马祖参学，是很自然的事。

怪就怪在他来问马祖的话，仍然还是那个老问题："不与万法为侣者是什么人？"切须留意，只此一句话，它所包涵的内义之广泛，程度之深浅，大有不同。庞居士在石头处有个入门的"悟解"，若说彻头彻尾、透过向上一路，还有问题存在。只要看他悟后来见马祖时还是问此一语，便可见他心里多少时来，还在运水搬柴，还在嘀嘀咕咕。好在马祖气势惊人，他一开口便向庞居士说："待汝一口吸尽西江水，即向汝道。"这一下，比起石头的掩住嘴巴，倒抽一口冷气更厉害。这是有道理也毫无道理的话。所以使得庞居士就此宽心大放，了解无疑了。

关于这重公案，古人拈提出来颂解的很多，禅要真参实证，本来不须再画蛇添足。不过像我这个拙棒，仍然不死心，再重提一下对于此事的一首绝句，以供一笑，也可以说是口头禅的外语吧！

"庞蕴当年见石头，一经掩口便宜休。何须吞尽西江水？亘古江河自不流。"

除了真参实证之外。如要只谈禅学，就不妨参考一下《肇论》的："旋岚偃岳而常静，江河竞注而不流"便可了然。不过理解得就完了。此所以谈"知解"论"禅学"者止于如斯而已矣。

石头和尚对庞居士的掩口葫芦，马祖的"一口吸尽西江水"，到了近代以来，花样翻新，又有人加以特解。过去在参学诸方的时期，碰到有些修学道家、密宗的人说，石头掩住庞居士的嘴巴，马祖教他"一口吸尽西江水"都是要他气功到堂,做到了"宝瓶气",乃至"气住息停"才能悟道。这种见解可能照旧还会流传,如果古来禅宗大德们听了,一定哈哈大笑。天哪!天哪!

珍宝沉江竹器上市

少悟尘劳,志求真谛,这是庞居士参禅学佛的本怀。但他自有所入门,有所证悟以后,石头和尚问他要出家?要在家?他便说"愿从所慕"。因此就没有披剃头发,染就缁衣。仍然儒冠儒服,做一个佛门的居士。在马祖门下,他可说是一个特殊的典型。那么,他志愿所慕的风格又是谁呢?是佛门中的大乘菩萨吗?菩萨果然不论出家或在家,但庞居士的行径作风又不太像。因为他的行迹,耽空住寂,偏向于小乘的风规。只以形式而论,他也许很倾慕南朝时代的傅(翕)大士。傅大士悟道以后并未出家,有时身披僧衣,头戴道冠,足穿儒履,用以表示非僧、非儒、非道,也可以说是儒、释、道集于一身的表相。但傅大士终身弘扬佛法,竭力布施,甚至卖掉妻子以为施舍。庞居士呢,在这方面完全不像学他的榜样。如记载:

居士悟后,以舟尽载珍橐数万,沉之湘流,举室修行,有女名灵照,常鬻竹漉篱以供朝夕。有偈曰:"有男不婚,有女不嫁,大家团栾头,共说无生话。"

栖心佛道之士,敝屣功名富贵,情愿过着乞食的生涯,度此朝夕,那是佛门的"比丘"风格,戒行,无可轻议。即如以世法人道称圣的孔子,也同样说:"饭蔬食、饮水、曲肱而枕之,乐亦在其中矣。不义而富且贵,于我如浮云。"又说:"富贵而可求也,虽执鞭之士吾亦为之。如不可求,从吾所好。"这与佛家、道家的精神,基本上并无二致。但佛门最重布施,大乘佛法尤其必须以施舍为先。

庞居士薄资财、重佛法,一点也不错。可是为什么悟道以后,不以所有的资财广行布施,偏要把它沉之江底?实在费人疑猜。已往参学诸方时,曾经听过一位禅门的老和尚讲解过此事。他说:"庞居士悟道以后,决心要把全部珍宝资财沉之江底,当时他的夫人便说:不如用来大作布施。庞居士却说:布施也非究竟,世间人有了钱财反而容易作恶造罪。而且贫富永远不能均衡,易启争心,不如沉之江底为了当。"我不知道他这段传述,依据什么而断定庞居士当时有此意见。问他的根据,也是从前辈老宿传述而知,无法寻根究柢。唐人诗云:"帆力劈开千级浪,马蹄踏碎万山青。浮名浮利浓于酒,醉得人间死不醒。"庞居士把资财沉到江底,恐怕要引来好多人劈开千级波浪,沉江寻宝而送掉性命,那又何苦来哉!"博施济众,尧舜犹病",善门虽然难开,何尝没有方便的办法?此所以有些人认为唐、宋以来禅宗大师们的造诣,充其量只是佛法小乘的极果,它与大乘佛法始终还有一段距离。其然乎?其不然乎?大有讲究之处。

无论如何论辩,庞居士当时沉资财、弃富贵的一场举动,的确给予人们惊奇、慨叹、敬仰的一棒。所以宗门一直传为佳话,不再深究他这种行履究竟是何用心。尤其是他可以坐享富贵,虽然学佛参禅悟道以后,仍可以依仗他的资财,大摇大摆地当一位佛家的大居士、大护法。逢庙过寺,随便高兴或多或少到处捐出些香火钱,就可被人们侧目而视,视如天人般巴结了,岂不一乐!然而他不此之图,偏要与一家人过着最穷苦、辛勤的起码日子。每天要做手工,编编竹漉篱,带着女儿上街去兜售,卖出了由劳力换来的工钱,购取维持生活的柴、米、油、盐。这又是为了什么呢?这是人的本分,也是后来百丈禅师"一日不作,一日不食"的禅门家风。他告诉人们不要取巧偷生,做那些不劳而获、无补时艰、无利于人的事。至少,人要了解人生,自己用手或用脑解决人生基本的生活,然后可求精神生命的平静、安详而升华。"仰不愧于天,俯不怍于人",此一乐也。不过庞居士个人能做到如此固然难能可贵，更值得钦羡的是庞居士夫人和他的女儿。这种全家洁身自好的美德精神，实在值得世人效法、崇敬。"刑于寡妻，至于兄弟。"我于庞公应无间然。如果从大乘佛法乃至华严境界来讲，那又须另当别论了。然耶？否耶？

游戏生死及其家人

庞居士举家参禅学佛，男女老幼个个都有成就，尤其对于生死之间，潇洒如同儿戏。这是马祖会下禅门特出的一章，迥然不同于其他出家禅师们的作法。如记载：

居士将入灭，为灵照曰：视日早晚，及午以报。照遽报：日已中矣，而有蚀也。士出户观次，灵照即登父座，合掌坐亡。士笑曰：我女锋捷矣。于是更延七日，州牧于公顿问疾次，士谓之曰：但愿空诸所有，慎勿实诸所无。好去。世间皆如影响。言讫，枕于公膝而化。遗命弃江湖。

另如《庞居士语录》所载无名子序言，又稍有异同。而其情景更切实际，如在目前。如云：

经七日，于公往问安。居士以手藉公之膝，流盼良久曰：但愿空诸所有，慎勿实诸所无。好住。世间皆如影响。言讫，异香满室，端躬若思。公亟追乎，已长往矣。遗命焚弃江湖。旋遣使人报诸妻子，妻子闻之曰：这痴愚女与无知老汉，不报而去，是可忍也。因往告子，见劚畬，曰：庞公与灵照去也。子释钼应之曰：嗄！良久，亦立而亡去。母曰：愚子，痴一何甚也，亦以焚化。众皆奇之。未几，其妻乃遍诣诸乡间，告别归隐,自后沉迹夐然,莫有知其所归者。

关于庞居士一家人的悟道、成就,根据《语录》等所载,"高山仰止"自然都无疑问,唯各家记载,都只及其妻女,并无儿子之说。但从庞公自己的偈语说:"男大不婚,女大不嫁。"显见其有儿有女。而且无名子的序言决不晚于《祖堂集》《传灯录》之后,所述较为可靠。过去社会以方外僧道、闺门女子、行径特殊者较易出名,故其女灵照的事迹,尤为禅门所衬托而乐道。其子则名也不传,这与庞公语录序言作者的无名子,同为高士,亦无须再论。庞夫人后来归隐不知所终,我常疑为与后来的丰干、拾得、寒山等三大士往来中有一老婆子,可能即是庞公夫人。岂其留形住世亦如迦叶或宾头卢尊者之流亚欤?

庞居士的话与诗

唐、宋以后的宗门,历来推崇庞居士悟缘的奇特之外,便是他与夫人及其女公子灵照的对话。如云:

居士一日庵中独坐,蓦地云:难!难!十石油麻树上摊。庞婆接声云:易!易!百草头上祖师意。灵照云:也不难,也不易,饥来吃饭困来睡。

其实,这则对话中的难易之说,固然隽永有味,但只是说明人根各有利钝,悟道并无先后。如果对这一则话也当"话头"来参,那真是埋没禅宗了。

据传记、语录等资料所载,庞居士自悟道以后,终其一生,但与烟霞为伴,禅客为侣,既不如有些禅师们各居一方,弘扬教化;

亦不是高蹈远引,不知所终。如依旧式史学家们的观点,应该属于隐逸或高士传中的人物。正因为他是高士,而且是佛门中的高士,所以他生平所作的诗偈,就被大家所乐于称道、传诵。他的诗、偈,语语出于平淡、浅显,但包涵了高深的佛理,指点世俗的迷津。它不是纯文学境界的诗,它是将高深的佛学道理融化在平常口语中的白话文学。在他以前,志公大师与傅大士有过这样的创作。在他以后,便是寒山子与拾得的作品了。《全唐诗》的编辑,采录了他几首近于纯文学境界的诗。《唐诗纪事》又特别选出他的:"未识龙宫莫说珠,从来言说与君殊。空拳只是婴儿信,岂得将来诳老夫。"例如这首绝句,看来很平实有味,但他的内涵却是引用佛经中龙女献珠,八岁成佛的故事。空拳诳儿,黄叶止啼,也都是佛经的典故。如不曾涉猎过佛经、佛学,只从纯文学的诗之角度来看,自然就会被摒弃于诗的文学之门外了。庞公的诗、偈是如此,寒山子的诗、偈又何尝不如此?只因目前大家把寒山子的诗加上一顶白话诗、平民文学的冠冕,所以便又蜚声一时。不知此次庞公语录与诗、偈的重出,能否也有这样的运气?唯恐正如庞公所说:"难!难!十石油麻树上摊。"如是而已。

庞居士与于刺史

历来一般谈禅的人,无论是僧是俗,纷纷猜测"一口吞尽西江水"的内义以外,最乐于称道、崇敬的事,便是庞居士的"但愿空诸所有,慎勿实诸所无"的话了。诚然,这两句简捷的名言,的确足以包括了佛说一部《金刚经》的要点,也足以作为后世学佛参禅者的圭臬。但推开佛法禅宗,再来研究一下庞居士当时说此话的对象,便可又进一层而知庞居士与本书编集人——于頔刺史的关系了。

根据《旧唐书》《新唐书》的记载,于頔是世家公子出身,是晚唐开始时期的一个权臣，也是一个很跋扈骄横的藩镇。大凡世家公子出身的，总很容易流于骄横霸道，修养的欠缺太多。但是于頔可也有他的一面，做了许多有益于国计民生的事，很合于佛家宗旨所谓的善行功德。因此他的功过，颇难定评。

庞居士与于頔的关系究竟是世谊或新交？无法考据而知。但以臆测，很可能在于頔出镇湖南或襄阳这个阶段有亲切的来往。正因为庞居士看透了于頔的为人与心地，所以在他临终的时候，拉着他手，流盼地盯着他看了很久，然后现身说法，告诉他，人总归要死的。以尸谏的精神来规劝他，以尽朋友之道，提醒他佛法的要义，所以他教于頔以"但愿空诸所有，慎勿实诸所无"。世事一切都如梦幻空花，希望他不要做绝了，更希望他不要存有"琼楼最上层"的奢望。否则一定没有好下场，一定会倒下来，像他一样奄然而去，倒在于頔的腿上。这便是神通，这便是智慧。虽然他没有像佛图澄阻止石勒的为恶，少做许多杀人放火的事，但他能使唐朝少去一个藩镇之祸，减少中原许多残酷的杀业，乃至对于頔的心理影响，使他晚年也能保其首领以终，都是莫大的功德。如果我们换一个立场，把他临终时所说的话，对照孔子的："不义而富且贵，于我如浮云。"就可看出是另有一番注解了。这是警世钟声，这是热中病的良药。禅的境界与修养，岂可随便而测？

于頔的善缘

"于頔，字允元，河南人也。周太师燕文公谨之后也。始以荫补千牛，调授华阴尉。黜陟使刘湾辟为判官，又以栎阳主簿，摄监察御史，充入蕃使判官。再迁司门员外郎，兼侍御史、赐紫。历长安县令，驾部郎中，出为湖州刺史。

"因行县至长城方山，其下有水曰西湖，南朝疏凿，溉田三千顷，久堙废。颐命设堤塘以复之，岁获秔稻蒲鱼之利，人赖以济。州境陆地褊狭，其送终者往往不掩其棺椁。葬朽骨凡十余所。改苏州刺史，浚沟渎，整街衢，至今赖之。吴俗事鬼，颐疾其淫祀废生业，神宇皆撤去，唯吴太伯、伍员等三数庙存焉。"

于颐的劣迹

"虽有政绩，然横暴已甚……追憾湖州旧尉封杖，以计强决之……由大理卿迁陕虢观察使，自以得志，益恣威虐官吏，日加科罚，一迹橡姚岘，不胜其虐，与其弟泛舟于河，遂自投而死。

"贞元十四年，为襄州刺史，充山南东道节度观察。地与蔡州邻，吴少诚之叛，颐率兵赴唐州，收吴房朗山县，又破贼于濯神沟。于是广军籍，募战士，器甲犀利，俨然专有汉南之地。小失意者，皆以军法从事。因请升襄州为大都督府，府比郓魏。时德宗方姑息方镇，闻颐事状，亦无可奈何，但充顺而已。颐奉请无不从。于是公然聚敛，恣意虐杀，专以凌上威下为务。

"判官薛正伦卒，未殡，颐以兵围其宅，令孽男逼娶其嫡女。

"累迁至左仆射，平章事，燕国公。俄而不奉诏旨，擅总兵据南阳，朝廷几为之旰食。及宪宗即位，威肃四方，颐稍戒惧，以第四子季友求尚主，宪宗以长女永昌公主降焉。

"穆宗时于颐死后论谥，右补阙高钺，太常博士王彦威交疏争议，极为反对，王彦威疏中论及，颐顷节旄，肆行暴虐，人神共愤，法令不容，擅兴全师，僭为正乐，侵辱中使，擅止制囚，杀戮不辜，诛求无度。"

据此可知他的专横跋扈比想象更甚。但终以太子太保致仕（退休）。至于他的文辞著作，并不多见，可能只知作威作福，如班固所谓："不学无术"者。

《旧唐书》的评语有两个观念,第一个观念推论人品,并评及他养成人品的原因。如云:

"史臣曰:于燕公以儒家子,逢时扰攘,不持士范,非义非侠,健者不为,末涂沦踬,固其宜矣。"第二个观念,在赞词里综括为两句话,评他为:"于子清狂,轻犯彝章。"直截了当说他骄横地蔑视国法。不过,始终没有忘了他的好处。对于整个品格的评语,说他太过清狂而已。这清狂一词下得很中肯。他毕竟不如庞居士对他的期望"但愿空诸所有,慎勿实诸所无"。

(一九七四年端阳,台北)

荷兰文《初译禅宗马祖语录》记言译作的经过

一九七五年的冬天，我正要主持在高雄佛光山的一个禅七法会，政大教育系的名教授祁致贤先生打电话来，极力推荐他的女婿李文对佛学与禅宗都有高度的热情和兴趣，希望能够允许他参加禅七。祁教授的学养高风，素来受人敬重，有他的关照，李文参加禅七便很自然而顺利通过。不过，我所担心的，他是比利时人，对中文和中国话的素养，是否能够听得透彻了解？尤其是我的口音带有浓厚的乡土方言，只怕他听而不懂，结果却会辜负他一片向学的诚心，甚至误解了禅宗的教学法，那真要变成毫无趣味的笑头，比过去宗师们那些无义语的"话头"更无意义了。谁知报到的时候，他却带来一位忠实的翻译员——也便是他贤慧的妻子，这一对志同道合为沟通东西文化而努力的夫妇同参，倒使这次禅七法会别开生面。不过，他们的心得究竟如何？那应该说，只有"如人饮水，冷暖自知"了。

下山以后，他要回国完成硕士论文的交卷大事，因此他告诉我，决心将禅宗马祖道一禅师的语录译成荷兰文。这是东西文化交流的一件伟大工作，做起来相当困难。但是我知道他原来便是研究宗教哲学的高才生，而且学过印度瑜伽禅定，也对日本的禅学颇有研究，所以非常赞成。不过，他从这次参加禅七以后，对于禅宗与《马祖语录》许多关键，和过去所接受的观念有了怀疑，希望我扼要的为他再讲解一番。因此，又专门为他讲了一次《马祖语录》和南岳禅有关的一些问题。他当时认为"豁然有省",好像禅宗所说的,"如有所悟"。而且认为过去介绍到西方的禅学,有重新检查的必要。

他回国以后,也就是一九七七年的冬月,我开始再度闭关专修。他来信说:"《马祖语录》已经翻译完成,而且有一出版商愿意发行这本书。"他的本国老师们也很赞成,但是有些细节他想和我讨论清楚。同时,还想到台湾来完成博士学位,希望能够长时间跟我进一步的探讨,后来知道我已经闭关了,怅然如有所失。

到了今年(一九七八)的二月,也正是我闭关圆满一年的春天,为了答应美国方面几位学人专程来台进修,破例开讲"修证圆通"的课程三个月。因此,也通知了李文夫妇。据说,他当时知道了此事,惊喜交集,情不自禁地掉下了眼泪。生存在侧重现实的时代里,一个人为了求学术修养而有这样的情操,应该说他早已能够得到自证自肯了。这是他的美德,和我毫不相关。从他在比利时接到通知到筹备动身来台湾,先后经过,只匆匆的十天。而他的太太祁立曼,带着两个孩子,也由欧洲转道美国探亲后迅速转来参加听课,仍然充当他的义务翻译。

有关马祖和禅宗的四个问题

最近,他急需要赶回欧洲印出这本书。为了再加小心求证,他再提出几个重要问题,要我答复。

(一)目前,西方人认为禅宗是反对佛教原来的教理,而且也反对佛教原来的修持方法。甚之,他们认为各种宗教是彼此否认,彼此反对,是否正确。

关于这个问题我的答案是否定的。这个误解的关键,近因是近代的学人们,随便把中国的禅宗,比作是佛教革命,这个"革命"一词的观念所引起。无论是"革命"也好,"革新"也好,在一般意识思想的习惯上，这种名词，都是含有反动性的意象。所以便"一人传虚，百人传实"地被误解了。佛教原来的教义，包括大、小乘的教理与修持方法，传到中国以后，到了隋唐时期，形成"禅宗"一宗的兴起，它全盘接受了佛教原有的教理和所有的修持方法。只是为了适合于中国文化思想，以及民情风俗等习惯，吸收儒家、道家的精华，运用了中国式的教授法而已。不但禅宗如此，佛教在中国所兴起的十宗，以及"分科判教"的佛学教理的研究方法。大体上都不离其宗地完全接受佛陀的教理和修证方法的。如果要提出证明，至少可以提一百个简要的引证，不过说来话长，又需另成一部专书以说明。

最简明地说，过去禅宗的宗师们，素来宗奉一则名言，那便是："通宗不通教，开口便乱道，通教不通宗，好比独眼龙。"甚之，如所传《永嘉禅师禅宗集》上的《证道歌》所说："宗亦通，教亦通，定慧圆明不滞空。"这便是最好的说明了。但是现在的学者们，有人对《永嘉证道歌》，又提出了怀疑的反考据，愈辨而缚愈坚，实在很麻烦。引用禅师们的话说，便是："万法本闲，唯人自闹"了。而且进一步要把《马祖语录》的语意内涵，引证对照佛教的教理来作说明，可以说没有哪一句话是不合于佛教教理之出处的。不过这样一来，又要成为另一部的研究专著了。

当然，对西方学者的观点而言，还有一个远因，是十七世纪后欧洲学者研究佛学，因为已找不到佛教前期的原始资料，大多数从南传小乘佛教和巴利文的佛典中引作为征信。再加上在十八九世纪时期，国际形势有意无意间，故意在排斥、薄视中国文化，而连带轻视中国佛教的大部分资料，因此形成误解。后来又加上第二次世界大战以后，从东方的日本引进了禅学到欧美去。而日本在明治维新以来的学术研究路线，所谓的东方文化——也即是中国文化，不论这其中的哪一门学术，都在有意无意之间因袭了西方的治学观念，甚之，也如西方一样，夹杂了民族意识和某种政治思想的因素。在这种情况下，禅宗的真精神——完全变质。但也可以说是人类历史文明褪色的大势所趋，真有无可奈何之感。

至于说到各种宗教是彼此否认，彼此反对的观念。那是比较宗教哲学上的一个大问题。也可以说，任何一个人，或任何一门学识，因为观点的立场不同，思想推论便完全两样。在我而言，我认为除了所有宗教的形式和教授法之外，任何宗教形而上的精神，都是彼此调和，彼此融通，甚之，可以互相比类注解。因为真理只有一个，正如佛说的"不二法门"。禅宗大师们所说的，"除此一事实，余二皆非真"。

（二）何以在隋唐以前，中国的佛教和中国的学佛者，修小乘禅定的路线，证果的人不少，为何唐朝以后，才有大乘禅的成就？他们与四禅、八定，以及佛教的经、律、论的关系又如何？马祖时代，他们所修持与戒律大多用哪一方法，及当时常用的经典是哪些？

关于这个问题，我的答案与所问的程序是相反的。中国的佛教，凡是真正的学佛者，无论是走小乘或大乘的修证路线，他的目的，都是注重在求证。求证的方法在学理的基础上，始终不能离开经、律、论的要点。在修证的方法上，无论大、小乘，也都是以四禅、八定为基点。在隋唐以前，佛学大乘的经典，还没有全部传入，所以修证的路线，是比较偏重在小乘的禅观方法。唐朝中叶时期，不但禅宗鼎盛，其他各宗也同时并兴，因此才有大乘禅的流行。如果以教理来讲，后来禅宗所说的"如来禅，祖师禅"也都可归纳在大乘禅的范围。小乘禅观的方法，是根据佛学小乘的教理，排除身心内外的物欲世界，专心一意把守精神心念的专一，以求证解脱外物世界的束缚而自在升华。因此用力勤而成果的表现也多，如有为的神通和在生死之际的坐脱立亡，等等。用一个比较切实的譬喻来讲，小乘禅观的求证方法，是把散乱无归犹如纷纷飞扬的面粉，用一集中的小空点，把它渐渐地归集在一处，然后再来扬弃它而永远住在空寂清净的境界上。大乘的方法，也是根据大、小乘的教理，是把心意识的每一点或面，直接从其中心爆破，使它毕竟空寂而灵明自在。

马祖时代的禅宗，他们所修持的戒律，相当严谨。当时唐朝佛教鼎盛时期大、小乘阶梯的三种戒律，佛教的术语叫做三坛大戒，即小乘的沙弥戒律、比丘戒、大乘的菩萨戒。当时的比丘戒，禅宗是采用《四分律》，也有少数用别的戒本。大乘菩萨戒，中国内地一律采用《梵网经》。西藏是一直沿用《瑜伽师地论》弥勒菩萨的戒本。那个时期，禅宗通俗的经典，大部分是以《金刚（般若波罗蜜）经》作入门的依据，所以后来有人叫禅宗作"般若宗"，也有叫它是"达摩宗"的。不过，大禅师们，还是非常重视《楞伽经》《维摩经》《涅槃经》《法华经》等。至于马祖以后的五宗禅派，如临济宗、法眼宗禅师们，有的还都是唯识法相学的大师。

（三）禅学的特点在哪里？对中国佛教的贡献与流弊何在？何以自马祖以后禅宗如此普遍流行？

关于这个问题，看来很简单，详细地说，又可以做三本专门的著作。用最简单的答复。禅宗的特点，是把最高深佛学，心法求证形而上道的复杂而详细分析的方法，归纳到最简捷形而下的人生日常生活，也就是说在平常事物之间，便可证得。因此它对中国佛教的贡献，是使其普遍地深入上、中、下各阶层之间，变成中国文化的中心之一，根深柢固地代代相承传播。但也正因为它把高深的形而上道，变化在平凡的人生日常生活之中而自然的流露，因此产生了后世的狂禅者流，走入未证言证，未悟言悟的"口头禅"了。所以在宋代而因此一刺激，便有儒家的"理学"产生，以严谨的态度，一反狂禅者流空疏的流弊。但自明末以后，理学与禅宗，又一再反复而产生了空疏与迂阔两种后遗症。这是古今中外学术上矫枉过正的通病，也是势所难免的。

至于马祖以后禅宗何以如此普遍流行？这个问题，就是上面所讲答案的结果。因为自马祖先后的大师们，都把佛学的内涵，讲得非常口语化，避开了艰深的专有名词，所以便形成佛学中另一形态的"语录"，这种语录的文字非常平实，内容非常生动，禅宗大师们以日常生活的事务，以及我们自己的身心为说法的内容，对佛法作身体力行的切实说明。这种宗下的话录，和逐字逐句，偏重理论探讨的论、疏等，各有不同的优点。

至于禅宗的"公案"和语录又有所不同。语录纯粹以禅宗大师的言"论"、道"理"为主。公案则包括了师生之间的"事"迹、"行"径。譬如禅宗大师为了什么事情而发起怀疑，开始追究宇宙人生的真谛。他们又在哪一种环境下，或者听了哪一句话而对这最高的真理有所领会。这些禅宗大师们在学道过程中，又经过哪些关键性的启发，等等。公案者虽然只是记载叙述一些事件的经过内容，但却是前贤们力学的经过和心得，足为后世学者观摩奋发，印证自己的见地、功用。

由于语录、公案的通俗以及口语化，因此对学者的感受比较深，也比较容易被接受。这也是马祖以后，禅宗普遍流行的原因之一。

（四）禅宗沉默了一段时期以后，到了现在，又重新流行起来，尤其是在西方的欧美各地。你认为它给西方人能带来什么福音？

关于这个问题，我的答案是乐观的、祝福的。禅宗是"直指人心，见性成佛"的宗派，佛教高深形而上道的学理，以及切实修行求证的方法，随着时代的演变，发展出许多宗教的形式，以及教条式重重束缚的教义，禅宗在这种情况下，摆脱了传统的限制，脱颖而出。直接从纯粹唯心——"心能转物"的大前提中，求得大智慧的解脱，绝对自由自在的心证。它的教授法和精神，表面上是一种非宗教、非哲学、非科学的表达。但实际上是正因为它有如此大自在、大智慧的解脱。所以它才能为宗教、为哲学、为科学作综合性的解答。换言之，惟有禅宗的精神和求证的方法，才真正能使人们摆脱物质欲望的困扰，达到精神心灵的真实升华。这对于今天人类被物质文明所困惑，理性被人欲所淹没的世界，应该是一绝妙的消炎剂、清凉药。

有关《马祖语录》中三段示众的提要

第一段：是直接指示达摩所传禅宗的心法，是根据佛说《楞伽经》的"佛语心为宗，无门为法门"的要点，这里所说的"心"，不是普通意识形态的心理学上的"心"。这个"心"或"性"的名词，是指形而上和形而下的全体大机大用的中文代名词。这里所说无门的法门，是表示不采用任何一种固定方法的方便法门。他在本段的结论，根据佛说的教义，特别扬弃物质的空性，而显现出心物一元的自性本体的空灵，和虽然生生不已而常自空灵清净的觉性之体用。

第二段：是根据佛说教义所指示身心状态的"生"起、幻"灭"的作用，那只是一种心性上所起的作用和现象，是不可把捉，不存在的空花幻相。那个能生起，能灭了的自性功能，从本以来就寂然空净的。不了解这一真理的事实，便是凡夫。证悟到这个超越现实的形而上自性，便是得解脱的圣位。但是证悟的境界程度，也有深浅，有透彻和不透彻的不同之处。悟得浅，悟得不彻底的，便是小乘的成果（声闻或缘觉等罗汉的境界）。悟得深而彻底的，便是大乘菩萨，乃至彻悟到最究竟则成就佛果。但无论由凡夫而升华到佛陀等的修持证悟的过程中的哪一个阶段，都仍然不离此众生与佛不二的本来心的自性之外。

第三段：是活用了《大乘起信论》一心的生灭作用，和本来寂灭不生不灭的真如自性的道理。指示学人们在其中参要真参，悟要实悟的老实圆成修行证道的极则。

  总之,在这三段示众的要点中,首先一段标明了"佛语心为宗。无门为法门"的前提,最后都是指示真参实悟到无修无证的极则。其实所谓无修无证的话,并不是说禅宗不注重修持,不注重证悟的,那只是说修证到真正的极果时,再不需要去修,再不需要去求证,而只是自然的呈现,自然的存在。譬如一个人要学一种专工科技或某一门艺术学问,当他到了最高峰的成就境界时,就自然而然地和这门技术学问融为一体。同样的,修证到最高境界时,那如来本体无上的智慧,便很简易、敏捷、轻巧、空灵而自在,自然而然,随时随地和你同在,这样便是大涅槃。

(一九七八年,台北)

序焦金堂先生《一日一禅诗》

凡人生必具有情志，此自然之理也。情志感乎外而应乎内，则兴山川风月，草木鱼鸟之变幻。发乎内而形乎外，则为音声笑貌，文字语言之形态。此所以"诗言志，歌咏言"理所当然也。此理初不限于时空，亦无囿于种类，如万窍之怒号，咽鸣叱咤，咸其自取耳。唯人习积成章，乃效法于天然，各自规格于形式，虽因此有伤于性灵，而规律之美而疏导于悲欢，复为涵泳情志，回环表达之适莫也。

迨乎佛之禅道出，以言思路绝，心行处灭，泯情志，趋寂乐为旨归，视文字语言，已属多余，又何取于刻意攀缘，舒情声律之作哉！孰知此犹为一时方便，向上半提之说。情尽无情，觉梦双清，大音希声，返闻闻性，则此虫鸣鸟语之聒噪，风云月露之流行，本自空灵，无待禅寂而莫非本然。于是言而无言，作而不作，如虫御木，偶尔成文而不著意，则又何违乎道行哉！

然法久弊生，自盛唐以后，于道行外而专攻于韵律，特以诗禅、诗僧而鸣高者，则如亡羊别径，洵可慨乎其多歧矣。故贯休献诗于石霜禅师："赤旃坛塔六七级，白菡萏花三四枝。禅客相逢唯弹指，此心能有几人知。"之句。石霜即问之曰：如何是此心？贯休茫然未知所对。石霜曰：汝问我答。休即问之。石霜曰：能有几人知？此正为自误于诗禅、诗佛者流之辣棒也。

皖当焦金堂先生，宿学志业，肃恭端俭，行不由径。初未尝学诗，更未习于禅道，自参《论语》讲座，闻予言孔子之说诗也，诗不云乎之旨，见猎心喜，乃留心于词章之逸韵也。洎乎偶与禅席，不期然而有会于心，于是乃以一日一禅诗立为规策，自求其放心于藩篱之外，输诚于性天风月之间。不期年而成集，举以见似，且感其不自作而无成有终之旨，殊可喜，且可观。然其自云，则未上及魏晋，甚之秦汉，意犹未尽者。闻言而识人，知其于诗之禅悦，禅之诗境，悠然确有会于心矣。

或曰，魏晋秦汉以上，禅之名既未之立，禅道之实，更未之传，岂得有词章之与禅悟相契耶！乃曰：此则不然。禅非别境，即心即佛。时有今昔，心无异代，此所谓"风月无今古，情怀有浅深"也。若铄之以禅，则诗三百篇，何一而不有契于禅。如帝王世纪之载唐尧时世之《击壤歌》曰："日出而作，日入而息。凿井而饮，耕田而食。帝力于我何有哉！"此非禅而禅，是为上乘。至若古诗十九首，处处推情入性，言下忘言而豁开灵智于了脱之境，何待禅之为名乎！他如建安诸子之诗，曹魏父子之作，莫不萧然有落寞之感，悠然兴超缠之思。如曹瞒《短歌行》之句，其云："对酒当歌，人生几何，譬如朝露，去日苦多"，"月明星稀，乌鹊南飞，绕树三匝，无枝可依"。当此之时，其有感于世事变幻之莫定，慨乎盈虚消息之难测，大有情厌物累，欲罢不能之哀鸣。倘时遇马祖道一，直指见性，庶或屠刀放下，顿转杀机也欤！至若曹丕之《善哉行》，有云："上山采薇，薄暮苦饥，溪谷多风，霜露沾衣。野雉群雄，猿猴相追。还望故乡，郁何垒垒。高山有崖，林木有枝，忧来无方，人莫之知。人生如寄，多忧何为？今我不乐，岁月如驰。汤汤川流，中有行舟，随波转薄，有似客游。策我良马，被我轻裘，载驰载驱，聊以忘忧。"俨然相薄寒山，敲钟唤梦之作，又何待于桑门落日，然后兴悲哉！

至若初唐开国之际，禅道未得宏开，诗风尚不大行，虞世南曾辞让唐太宗宫体诗之不当，确乎纯臣之志也。然李世民之《帝京篇》

有云："得志重寸阴，忘怀轻尺璧。"及其《临池柳》诗云："岸曲丝阴聚，波移带影疏，还将眉里翠，来就镜中舒。"其非诗思与禅境之将毋同乎！余如岩岩特行之臣如魏徵之诗，有："郁纡陟高岫，出没望平原，古木鸣塞鸟，空山啼夜猿"，"人生感意气，功名谁复论"。莫不与禅悦冥合，逸情境外。等而次之，才人词笔，如刘希夷之"年年岁岁花相似，岁岁年年人不同"，以及崔涂之"绣辄香鞯夜不归，少年争认最红枝。东风一阵黄昏雨，又到繁华梦觉时"，唐彦谦之"乍闻明主提三尺，眼见愚民盗一抔，千古腐儒骑瘦马，灞陵斜日重回头"，等作，多不胜载，何一而非即诗即禅，岂待习禅而后方有出尘解脱之隽语乎！并此转似金堂道友，盖有伫望其上下古今续编之作也。拙诗鄙俚不韵，唯承偏爱录入，诚有狗尾续貂，佛头著粪之诮，何足道哉？不足道也！

（一九七九年，台北）

《大乘学舍常课》初序

释迦文佛教化,自汉明帝时流传中土,初置白马寺,经魏晋南北朝三百余年之递嬗,转易西竺"阿兰若"、"伽蓝"等旧称,兴起庵堂寺院等大小梵宇建筑,山林原野,处处皆有供人清修膜拜道场。然于苦行禅修之外,配合暮鼓晨钟乐章而为课诵者,仪礼未立。迨盛唐之世,马祖道一与百丈怀海禅师师徒创立丛林制度,拟订《百丈清规》之后,仍以禅悦清修为主,犹未闻有以唱诵为业者。间或有之,然皆以整部经文为诵修准则。清代以还,佛教寺庙流传之早晚课诵,糅集显教经文,密教咒语,甚之,禅净律等小段节文,凑泊宋词元曲余音,称为梵唱,号作辍修法门,实为古所未闻,于今则似未落。且其泛滥所至,甚有形同挽乇,供人凭吊唏虚而已,于僧俗学佛修持行愿,形如有关而实不切实。今应以梵唱部分,依据华严字母及悉昙遗音,取其适合时代乐章,重加厘订外,凡本舍同修,早晚应依经遵新订课本,作为正思维诵修常课,俾与行业相应,速证菩提,是为至要。愿以此功德,回向诸有情,同证无上觉。

(一九八〇年初冬,台北大乘学舍)

为周勋男叙《印普庵禅师咒及记传》

神通不是道,得道者未必皆有神通。道为形而上而超然于心物内外,亦通入于内外心物之总体也。神通者,不离于遍心物内外之表;故道为根本,神而通之则为外用者。迷于外用而不知归元,则离道益日远矣。是故古之得道者,未必皆为神通,即或有之,设以神通示现而使世人惑乱于神通而为道者,过莫大焉。故佛之遗教,大小乘之戒范,绝不言以神通为教化者;即此之故,益恐善世之正教而惑乱于神通,有失其正法眼藏也。

咒语不是道,但不失为万法中之一方便法门。梵文称咒语为陀罗尼,译为"总持"之意。总持者,即为归纳多义而为简易符咒之谓也。故佛之密教曰:"一切音声,皆是陀罗尼。"佛语诚言,义至显矣,其奈世智者终不能通明其真诠乎?临济禅师有言:"一语中具三玄门,一玄门中具三要义。"可为陀罗尼之总论者矣!然世智者尤不能通而明也。

经言:"八地菩萨,皆能自说陀罗尼。"然此亦为半提之教也。修证而登于第八不动地者,岂只能自说陀罗尼,即其语默动静之间,无一而非陀罗尼,何独喁喁于咒语云何哉!

中土禅宗秉承佛之心法,以不立文字言语见传于世,尤不以标奇立异之神通末术为尚。然传习至于唐宋之间,适当衰乱之世,即有如普庵印肃、灵隐道济(济公)之俦者出。独以神通咒语见称于世者,岂非祖师衣钵之骈拇指乎?其然,其不然耶?盖叔季受乱之际,人多失其知正见,不示以道之末而难以见于善世之道者,故如佛图澄辈，初皆以神通示现以拨乱而返之于正也。以此观之，普庵、道济之功，实亦翼道之圣者，何足非矣。

惟世传普庵传记所载之迹，有悖于佛法慈悲喜舍之旨者颇多，要皆为世俗误传讹语执偏之辞，杂以见浊相争胜负之言，不足为信，不尽为实也，学者须自知之，则不为辞害义矣。

今因门人周勋男远道寄书，自言将发心重印普庵禅师旧传之事迹并及其咒文，促余一言以坚其志云云。时余适奔波役于海外，久矣不事笔墨，但因其所请而勉为书数行，而述自知于其端，聊以酬其所望者。诚语无伦次，但塞责耳！所谓陀罗尼者，即非陀罗尼，是名陀罗尼。其此之谓乎否耳？

（一九八八年七月之杪寄记于香江之滨）

密宗之部

《密宗六成就法》前叙

神秘之学

自古以来,哲学科学尚未昌明之先,凡探寻宇宙人生奥秘之学术,即尽归于宗教,故古之宗教,皆极尽神秘玄奇。迨世界学术昌明以后,有以智慧穷理探讨宇宙人生奥秘之哲学,嗣复有以知识实验追求奥秘之自然科学,纷纷崛起,于是宗教神秘之藩篱,几已破碎无余。时在二千年前,有虽为宗教,而重于实验心理、物理、生理之真知灼见,无过于佛教之修持证悟,及中国道家修真养性之学术。若融会此二者于一炉,发扬而光大之,其医世利物之功,岂有限量哉!

佛法密宗

佛之全部教法,其最高成就,以澈见宇宙万有之全体大用,会于身心性命形而上之第一义谛为其究竟,确乃涵盖一切,无出其右者。其中教法所传之即事即理,亦已发挥无遗,尽在于三藏十二部之经论述叙之中,固无所谓另有秘密之存在。有之,即明白指出心性之体用,当下即在目前,亲见之,亲证之,即可立地成佛,而人不能尽识者,此即公开之秘密是也。盖其密非在他人不予,只在自己之不悟,诚为极平实而至玄奇者也。等此而下,有以修持证悟之方法,存为枕中之秘,非遇其人而不轻传者,即为佛法秘密宗之密学。当盛唐之时,一支东传中国,后又流传日本,又一支传入中国边陲之西藏。前者人称为"东密",后者人呼为"藏密"。值此二密之门未开,每于宫墙外望,或登堂而未入室者,皆受神秘玄奇之感染,几乎完全丧失人之智慧能力,一心依赖神秘以为法,此实未得其学术之准平者,亦可哀矣。

密宗修法

密宗修持方法,固有其印度渊源所自来,原与中国道家之学术,相互伯仲之间,难分轩轾。自经佛法之融通,术超形而上之,确已合于菩提大道矣。今且去其用神秘以坚定信念之外衣,单言其修持身心之方法,归纳而次序之,大体不外乎"加行""专一""离戏""无修无证"之四步。迨达无修无证之域,即佛地现前,所谓前行之步骤,皆视为过渡之梯航,术而糟粕之矣。然未及佛地之间,则非依术而作涉律之度筏,终恐不易骤至也。且其下手正修之观点,大体都以先加调伏身体生理之障碍着手。盖人生数十寒暑,孜孜屹屹,大半为生理需求而忙。且心为形役,人之所以不能清净圆明者,受身体感觉之障碍为尤多。故彼与道家者流,有先以调身为务,良有以也。然身之基本在气脉,是以调身必先以修气修脉开始。但此气非呼吸之凡气,此脉非血管神经之筋脉。如强作解人,依现代语而明之,则可谓此乃指人身本具灵能所依之路线,唯神而明者,确能证实此事。若徒藉形躯神经而摸索之,此实似是而非,毫厘之差,天地悬隔矣。

六成就法要

密宗修法有多门,然此"六成就法"者,已可概其大要。所谓"六种成就"者,第一重要,即"气脉成就"。此乃调伏身体生理,去障入道之要务也。盖人身乃秉先天一种业气力量之所生,凡百烦恼欲望之渊源，病苦生死麋集这槖囊。如不能首先降伏其身，其为心之障碍，确亦无能免此。而修气修脉之要，大体会于一身中之三脉四轮。"三脉"谓其左右中之要枢，"四轮"谓其上下中之部分。此与道家注重任督冲带脉之基础，根本似乎不大相同。其实，平面三脉，与前后任督，各有其妙用，而且乃殊途而同归。苟修持而有成就之人，一脉通而百脉通，未有不全能之者。否则，门庭主见占先，各执一端之说，虽有夫子之木铎，亦难发聋振聩之矣。密宗主五方佛气，道家则主前任后督中冲左青龙右白虎，其名异而同归一致之理，何待智者之烦言哉。唯修气修脉，法有多门，大抵皆易学而难精，托空影响之谈，十修则九见小效，殊难一见大成。此盖智与理之所限，能与习之不精，师传指示，大而无要之所致，均非其术之咎也。

气脉成就已达堂奥，或进而修持第四之"光明成就"。首得身心内外之有相光明，再以智慧观照，而得佛智之无相光明。或由此而修第二之"幻观成就"，则可坏欲界人间世之世间相，证得确实入于如梦幻之三昧。第二"幻观成就"，与第三之"梦成就"，修法最近相似，皆为趋向有为法修得小神通之路也。此之四法，已经概括密宗修持身心之全部过程。于此旁枝分化，即有各宗各派之驳杂方法，或加以其他外貌，几乎使人有目迷十色，耳乱多方之感矣。过此以往，恐人或一生修持而无成者，则有补救之二法，即第五之"中阴成就"。乃于人之临死刹那前，依仗佛力他力，度其中阴神识，即俗所谓灵魂成道。再又不能，即第六之"破哇成就"，即所谓"往生成就"，乃促使人之神识往生他方佛国，不致堕落沉迷之谓也。

总之，六成就法中之后五种，皆以第一修气修脉为其基础。如此基不立，间或有独修其中一法者，虽现在小得效验，若缺虔诚之信仰心，终又归于乌有。但气脉之修法，既有理论，又需得过来人明师之真传，方能如科学家之实验求证得到。不然，徒知方法，不能博知其理，又不足以望其成。徒知理论，不知实行，又不能望有成就。如全修而全证之，则宇宙人生之奥秘，不待他力而神自明之矣。密宗诸法，虽亦有法本存在，但有时亦有尽信书不如无书之憾。何况翻译之法本，有通梵藏文字而不谙中文，有通中文而不谙梵藏，甚之，有两不通达，亦作托空影响之言，欺己迷心，大可哀也。六成就一种，比较信达可征者，即为美国伊文思温慈博士纂集，而由张妙定居士译为中文者。

出版因缘

萧兄天石，自创自由出版社以来，贡献于古典文化事业，已达十余年，选刊《道藏》精华已近百余种。今又发心搜罗密宗典籍，出为专帙，以冀利益修持行者。其志高远，其心慈悲。然持有密宗之典籍，或习密宗之法者，唯恐深藏名山之不暇，岂肯轻以付人。复虑得之者，挟术以自欺欺人，则其过尤甚于保守而绝迹矣。故虽百计搜罗，尽数年之力，始有收获，其中不少为世所罕见之珍本。并劝余亦出所藏密典，印行少数，以公之于世，俾供研究密学密法，与有志于道密双修者参持之用。今复以出版之事相商，并与论其可否，踌躇寻思，迟迟已达数年。然每念古圣先哲，既已作书，其志乃惧法之将灭，欲寄于文字而流传也。既已见之文字，世界各国学者，又已有外文之翻译，等同普通书籍销售。如吾人犹欲抱残守阙，自作敝帚千金之计，亦恐非先哲之用心矣。苟或有人得此，不经师授心法，挟其粗浅经验而炫耀售寄者，终必自食其果，噬脐无及，此于流通者之初衷无伤也。况且修一切有为法者，如不亲证性空之理，体取无为之际，无论或密，或显，为佛法，为道家，终为修途外学，何足论哉。故于其付印之先，乃遵嘱为叙，言之如是。

（一九六一年，台湾）

《大圆满禅定休息清净车解》前叙

佛教秘密一宗，初传入于西藏之时，适当此土初唐盛世。开启西藏密宗之教主，乃北印度佛法密教之莲花生大师，据其本传，称为释迦如来圆寂后八年，即转化此身，为密教之教主也。当其初传之佛学概要，已见于拙著《禅海蠡测》中之"禅宗与密宗"一章。其土自莲师初传之密宗修持方法，即为西藏政教史上所称之"宁玛派"，俗以其衣着尚红，故称为"红教"。红教修法，除灌顶、加行、持咒、观想等以外，则以大圆满等为最胜。此后传及五代至宋初期，有因红教法久弊深，嫌其杂乱者，又分为噶居派，俗以其衣着尚白，故称为"白教"。追元代时期，又有分为萨迦派者，俗以其衣着尚花，故称为"花教"。复至于明代初期，西宁出一高僧，名宗喀巴，入藏遍学显密各乘佛法，有憾于旧派之流弊百出，乃创黄衣士之"黄教"。递传至现代为达赖、班禅、章嘉等大师初祖也。大抵旧派可以实地注重双修，黄教则以比丘清净戒律为重，极力主张清净独修为主。此则为藏密修持方法分派之简略观点。至于所谓双修，亦无其神秘之可言，以佛法视之，此乃为多欲众生，谋一修持出离之方便道也。苟为大智利根者，屠刀放下，立地成佛，又何须多此累赘哉！如据理而言，所谓双修者，岂乃徒指男女之形式！盖即表示宇宙之法则，一阴一阳之为道也。后世流为纵欲之口实，使求出离于欲界、色界、无色界之方便法门，反成为沉堕于三界之果实，其过只在学者自身，非其立意觉迷之初衷也，于法何尤哉！

民国缔造之初，对于汉藏文化沟通尤力。东来内地各省，传红教者，有诺那活佛。传白教者，有贡噶活佛。传花教者，有根桑活佛。传黄教者，有班禅、章嘉活佛，等等。各省佛学界僧俗入藏者，实繁有徒，指不胜举。密宗风气，于以大行。上之所举，亦仅为荦荦大者。活佛者，即"呼图克图"之别号，表示其为有真实修持，代表住持佛法之尊称，实无特别名理之神秘存焉。红教徒众，集居于西康北部者为多。白教徒众，能集居于川康边境者为多。花教徒众，亦以散居于西康及云南边境者为多。黄教则雄踞前后藏，掌握西藏之政教权，以人王而兼法王，形成为一特殊区域之佛国世间矣。

因汉藏佛教显密学术之交流，密宗修法，亦即源源公众。而且于近六十年来，传布于欧美者为更甚。大概而言，红教以大圆满、喜金刚为传法之重心。白教以大手印、六成就法、亥母修法等为传法之重心。花教以大圆胜慧、莲师十六成就法为传法之重心。黄教以大威德、时轮金刚、中观正见与止观修法为传法之重心。当其神秘方来，犹如风行草偃，学佛法而不知密者，几视为学者之不通外国科学然，实亦一时之异盛也。

要之，密宗之侧重修持，无有一法，不自基于色身之气脉起修者。只是或多或少，糅杂于性空缘起之间耳。大圆满之修法，例亦不能外此。所谓"大圆满"者，内有心性休息一法，即如禅宗所云明心见性而得当下清净者。又有"禅定休息"一法，即为修持禅定得求解脱者。又有"虚幻休息"一法，即以修持幻观而得成就者。今者，自由出版社萧天石先生，先取禅定休息之法疏通之，即其中心之第二法也。其修法之初，势必先能具备有如道家所云：法、财、侣、地之适当条件。尤其特别注重于择地。一年四季，各有所宜，且皆加有详说。至于择地之要，当须参考《大藏经》中密部之梵天择地法，则可互相证印矣。至其正修之方法，仍以修气修脉，修明点，修灵能，如六成就法之第一法也。其中尤多以注视光明而定，与注视虚空平等而定之法。道家某派，平视空前之法，其初似即由此而来者。最后为下品难修众生，又加传述欲乐定之简法。此即《大圆满禅定休息车解》一书之总纲也。造此偈论者，乃莲师之亲传弟子，名"无垢光尊者"所作。解释之者，乃龙清善将巴所作。译藏文为中文者，乃一前辈佛教大德，意欲逃名，但以传世为功德，故佚之矣。本书旨简法要，大有利于修习禅定者参考研习之价值。唯所憾者，盖因藏汉文法隔碍，译笔失之达雅，良可叹耳。但有宿慧之士，当参考六成就、大手印等法而融会之，自然无所碍矣。如能得明师之口授真传，了知诸法从本来，皆自寂灭相，性空无相，乃起妙有之用，则尤为难得之殊胜因缘。至于译者称此法本，名为《大圆满禅定休息清净车解》，此皆为直译之笔，故学者难通其义。如求其意译为中文之理趣，是书实为《大乘道清净寂灭禅定光明大圆满法要释论》，则较为准确。其余原译内容，颠倒之句，多如此类。今乏藏本据以重译，当在学者之心通明辨之矣，是为叙言。

（一九六一年腊月，台湾）

密宗《恒河大手印》《椎击三要诀》合刊序

溯自元初忽必烈帝师发思巴传译西藏密宗大手印法门始，大乘密道之在国内，犹兴废靡定。迨民国缔造，藏密之教，再度崛起，竞习密乘为时尚者，尤以"大手印"为无修无证之最上法，以"椎击三要诀"为大手印之极致，得之者如获骊珠，咸谓菩提大道，独在是矣。然邃于密乘道者，又称大手印与椎击三要诀等，实同禅宗之心印。且谓达摩大师西迈葱岭之时，复折入西藏而传心印，成为大手印法门。余闻而滋疑焉！昔在川康之时，曾以此事乞证贡噶上师，师亦谓相传云尔。待余修习此法后，拟之夙习禅要，瞿然省证，乃知其虽有类同，而与达摩大师所传心印者，固大有差别，不可误于习谈也。盖禅宗心印，本以无门为法门，苟落言诠，已非真实，何况有法之可传，有诀之可修也哉！有之，但略似禅宗之渐修，固难拟于忘言舍象之顿悟心要也。倘依此而修，积行累劫，亦可跻于圣位，如欲踏破毗卢顶上，向没踪迹处不藏身而去，犹大有事在。况以陡然斥念而修为法门，不示"心性无染，本自圆成"，则不明"旋岚偃岳而不动，江河竞注而不流"之胜。以"乐、明、无念"为佛法极则，而不掀翻能使"乐、明、无念"者之为何物，允有未尽。以"心注于眼，眼注于空"为三要之要，而不明"目前无法；意在目前；不是目前法，非耳目之所到"之妙旨，则其能脱于法执者几希矣。今遇是二法本合刊之胜缘,乃不惜眉毛拖地,揭其未发之旨而赘为之序。

(一九六一年冬月,台北)

影印《大乘要道密集》跋

人生数十寒暑耳，孩童老迈过其半，夜眠衰病过其半，还我昭灵自在，知其我自所为生者攒积时日而计之，仅有六七年耳。况在此短暂岁月中，既不知生自何处来，更不知死向何处去，烦忧苦乐，聚扰其心。近如身心性命所自来者，犹未能识，遑言宇宙天地之奥秘，事物穷奇之变化，固常自居于惑乱，迷晦无明而始终于生死之间也，审可哀矣。余当束发受书，即疑其事，访求诸前辈善知识，质之所疑，则谓世有仙佛之道，可度其厄，乃半信半疑而求其事。志学以后，耽嗜文经武纬之学，感怀世事，奔走四方。然每遇古山名刹，必求访其人，中心固未尝忘情于斯道也。学习既多，其疑愈甚，心知必有简捷之路，亲得证明，方可通其繁复，唯苦难得此捷径耳。迨抗战军兴，羁旅西蜀，遇吾师盐亭老人袁公于青城之灵岩寺，蒙授单提直指，绝言亡相之旨，初尝法乳，即桶底脱落，方知往来宇宙之间，固有此事而元无物者在也。于是弃捐世缘，深入峨嵋。掩室穷经，安般证寂。三年期满，虽知此灵明不昧者，自为参赞天地化育之元始，然于转物自在，旋乾坤于心意之功，犹有憾焉。乃重检幼时所闻神仙之术，并密乘之言，互为参证，质之吾师。老人笑而顾曰：此事固非外求，但子狂心未歇，功行未沛，何妨行脚参方，遍觅善知识以证其疑。倘有会心之处，即返求诸自宗心印，自可得于圜中矣。

从此跋涉山川，远行康藏，欲探密乘之秘，以证斯心之未了者，虽风霜摧鬓，饥渴侵躯，未尝稍懈也。参学既遍，方知心性无染，本自圆成，实非吾欺，第锻炼之未足，犹烹炼之未至其候也，乃返蓉城，以待缘会。日则赴青羊宫以阅《道藏》，夜则侍吾师盐亭老人，并随贡噶、根桑二位上师，以广见闻。既会心于禅、密、道、法之余，复核对藏密迻译法本，于其文辞梗隔，义理阻滞，深引为憾。时前辈同参，潼南傅真吾、华阳谢子厚，皆深入藏密之室，且得密乘诸教之精髓者，咸同此见，乃促余肩荷整理藏密法本之责。傅谢二公，并尽出其历年搜集密本，付予审编。余乃谓欲探穷密乘之赜者，当从《大乘要道密集》求之，则于清末民初东传内地之诸宗秘典，皆可迎刃而解，而得其游刃有余之妙矣。故拟从编年之式，首冠其书。方欲编辑全帙，则适值日本投降。即因事南游，入滇转沪，遂未果所愿。乃举昔年共同搜集密乘典籍，寄托友家，以期他日藏事。忽焉二公作古，余亦尘屐名山。时穷势变，蜀道艰难。吊影东来，法本荡然。每于梦寐思之，常复自笑多此结习也。壬寅之春，故交邵阳萧兄天石，发心印行藏密典籍，商之于余。窃谓大劫余灰，已非名山旧业，与其藏之私阁，徒资珍秘，何如公之同道，以冀众护。但求无负吾心，何须踌躇损益，乃促其完成斯业。萧兄即不辞劳瘁，亲赴香港搜求。有志者事竟成，终复觅得斯本，并嘱冠记其端，余以庆遇所愿，随喜无似，遂不辞肤陋，率尔为叙。

夫《大乘要道密集》者，乃元代初期，崇尚藏密喇嘛教时，有西藏萨迦派（花教）大师癹思巴者，年方十五，具足六通，以童稚之龄，为忽必烈帝师。随元室入主中国，即大宏密乘道法，故拣择历来修持要义，分付学者，汇其修证见闻，总为斯集。其法以修习气脉、明点、三昧真火，为证入禅定般若之基本要务，所谓"即五方佛性之本然，为身心不二之法门"也。唯其中修法，杂有双融之欲乐大定，偏重于藏传原始密教之上乐金刚、喜金刚等为主。终以解脱般若，直指见性，以证得大手印为依归。若以明代以后，宗喀巴大师所创之黄教知见视之，则形同冰炭。然衡之各种大圆满，各种大手印，以及大圆胜慧、六种成就、中观正见等法，则无一而不入此范围。他如修加行道之四灌顶，四无量心，护摩，迁识（颇哇）往生，菩提心戒，念诵瑜伽等，亦无一不提玄钩要，阐演无遗。但深究此集，即得密乘诸宗宝钥，于以上种种修法，可以了然其本原矣。至于文辞简洁，迻释精明，虽非如鸠摩罗什、玄奘大师之作述，而较之近世译笔，颠倒难通者，何啻云泥之别。集中如道果延晖集，吉祥上乐轮方便智慧运道，密哩干巴上师道果集等，皆为修习喜乐金刚、成就气脉明点身通等大法之总持。如修习自在拥护要门，修习自在拥护摄受记，则为修六成就者之纲维。如大手印顿入要门等，实乃晚近所出大手印诸法本之渊源。其他所汇加行方便之道，亦皆钩提精要，殊胜难得。若能深得此中妙密，则于即身成就，及心能转物之旨，可以释然，然后可得悟后起修之理趣。且于宋、元以后，佛道二家修法，其间融会互通之处，以及东密藏密之异同，咸可得窥其踪迹矣。

或曰：若依所言，则密乘修法，实为修持成佛之无上秘要，余宗但有理则，而乏实证之津梁耶？答曰：此则不然。显密通途，法无轩轾。至道无难，唯嫌拣择。修习密乘之道，若不透唯识、般若、中观之理，则不能得三止三观之中道真谛。习禅者，苟不得气脉光明三昧，则终为渗漏。自唐宋以后禅宗兴盛，虽以无门为法门，而于显密修学，靡不贯串无遗。第历时既久，精要支离，故后世成就者少。借攻错于他山之石，炼纯钢于顽铁之流。幸而有此，能不庆喜。至若心忘筌象，透脱法缚。一超直入，不落窠臼，则舍达摩传心之一宗，其余皆非真实。末后一句，直破牢关。自非道密二家所能也。进曰何谓末后句，可得闻乎？曰：也须待汝一口吞尽西江水时，再向汝道。是为叙。

（一九六二年，台北）

西藏密宗艺术新论

人类精神文化的延续，在言语文字之外，应该首推绘画。上古之世，文字尚未形成之先，在人们精神思想的领域中，凡欲表达意识，传播想象之时，唯有藉画图作为表示。中国文化之先的八卦、符箓，与埃及的符咒，印度的梵文等，推源其始，都是先民图画想象之先河。降及后世，民智日繁，言语、文字、图画、雕刻、塑像，各自分为系统，而绘画内容，亦渐繁多。人物、翎毛、花卉、山水、木石，由平面的线条画，进而至于立体。抽象与写实并陈，神韵与物象间列。由此可见人类意识情态综罗错杂，不一而足。但自穷源溯本而观，举凡人类所有之言语、文字、图画，等等，统为后天情识之产品。形而上者，原为一片空白，了无一物一事可以踪迹。故禅门不取言语文字而直指，孔子以"绘事后素"为向上全提，良有以也。

由图案绘画而至于描写人物、神像，在中国画史而言，据实可征，首推汉代武梁祠石刻。过此以往，史料未经发现，大抵不敢随便确定始作俑者，起于何代何人。自汉历魏、晋、南北朝、唐、宋以还，佛教文化东来，佛像绘画与人物素描，即形成一新的纪元，如众所周知的云冈石窟、敦煌壁画，以及流传的顾恺之的维摩居士图、吴道子的观音菩萨等，形神俱妙，但始终不离人位而导介众生的神识想象，升华于天上人间。

然自隋唐初期，随佛教东来之后，由中北印度传入西藏之密教佛像，神精笔工，形式繁多，颇与当时敦煌壁画相类似。唯大行于边陲，中原帝廷内苑供奉，亦少所概见。迨元蒙以后，方渐流行。明、清以来，民间稍有流传而亦不普遍。在绘事而言，西藏的佛画、雕塑，均与内地隋唐以前，同一法则。所有佛与菩萨之造型，大多都是细腰婀娜，身带珠光宝气，如佛经所谓："璎珞庄严"者也。宋元以后，凡中国内地之佛像，大体皆喜大肚粗腰，颠顶臃肿，肌体以外，最好以不带身外之物为洒脱。由此可见，隋唐以来之佛像，无论绘画或雕塑，多具有佛经内典的宗教气氛，以及浓厚的印度文化色彩。宋元以后，画像与雕塑，亦受禅宗之影响，具有农业社会的素朴，人位文化的平实。此从大概而言，要当如是。

晚清以来，文明丕变，西藏密宗忽又普及内地。而中国与流传日本的显密各宗，彼此互相融会。旧学、新说之外，连带久秘边陲之藏密佛像、图画、雕塑，无论为单身、双身或坛城（曼荼罗），已非昔日锢闭作风，大部公开流传。抗战时期，成都四川省立图书馆，曾经举办一次西藏密宗佛像原件的大展览，洋洋大观，见所未见。及今思之，当时这批博大文物，想已烟消云散，不知是否尚在人间，颇为怅然！

初来台湾时，显教之经典画像，亦寥寥少见，遑论密教文物。间或有之，大抵皆深藏不露，视为绝不可公开的神圣瑰宝，不是视同拱璧，即是价值连城。佛说："法无正末，隐显由人。"今之行者，不知与时偕行之理，徒以抱残守阙之愚，欲与科学时代之公开文明相拒，岂非自取灭裂。《易》乾文曰："先天而天弗违。后天而奉天时。"此理不明，何以言佛。西藏大变后，凡藏人僧俗携出之佛像，绘画的，雕塑的，均可于海外各地随便收购而得。而国内行者缺乏整体概念，不知从文化观点作一统筹收集，致使吾佛如来、诸大菩萨，亦皆随时与势易，流落他方。而二十余年后的今日，大多藏密佛像，已在美国被人收集而作学术性、艺术性、神秘性的公开翻印，公开研究。无论为单身的、双身的、坛城的，皆有黑白集与彩色集之影印，与大幅像、小型像之销售。青年学生留学彼邦者，或为崇敬请购，或为趣味欣赏，大体都视为奇异刺激而疑情顿起。国故外流而家人乖睽，自家文化宝藏不识而求珍于异域，良可慨也！

但在美国而言，密宗画像之收集翻印，初由少数医生，试用密宗的神秘修法，作医学治疗试验。渐而扩充为精神科学的研究，将摆脱宗教色彩而形成新文化的一系，与原始宗教信仰的形式，已大异其趣。且已有人将莲花生大士与各种坛城图案，做成旅行袋或腰袋背心上之装饰，蔚成一时风气。思想形态古今变易，宗教信仰与物质文明互相抵触，卫道者仅从表面视之，颇为忧愤。殊不知未来科学发展的归趋，正为剖寻昔日宗教的目标，终无二致。过去在民智未开之时，宗教以神秘作风指示生命的真谛。现今以后，科学以精详剖析，寻讨生命神秘之究竟。即俗即真，空有不二，不受形拘，但求神髓，终至两不相妨而相成也。

唯今国外因密宗艺术佛像之公开出版，质疑函询，争论繁兴。今就其中问题之荦荦大者，并此寄语。

一为密宗画像之形态问题：

如由表面视之，此类画像已失去显教佛像庄严慈祥本色，且坦然言之，却易使人生起狰狞怖畏之反感，何况大多不类人形，又异习见物像，其故为何？曰：在佛而言佛，一切佛皆就体相用而取法报化三身之别名。显教佛像之庄严慈祥面目，乃表示本性清净法身之本来。密教佛像之奇形异态者，乃表示化身、报身之各具因缘。诸如多目、多头、多手、多足、多身、异类身等等，统为佛学内涵之表相。举一言之，如大威德金刚像之怪异，实皆为显教教义之图形，旧称谓之表法。如云九面者，即表大乘九部契经。二角者，表真俗二谛。三十四手，加身语意三门，即表三十七品。十六足者，表十六空。右足所蹈人兽等八物，表八成就。左足所蹈鹫等八禽，表八自在。裸形，表无挂碍。发竖，表度一切苦厄。他如有身具三十六足者，即为三十七菩提道品之表法。十八手者，即为大般若之十八空，亦为十八界。三眼者，即三明，亦为佛眼、慧眼、法眼之示相。九个头者，为九次第定，亦示大乘以十度为首。两只角者，即为智慧庄严、福德庄严之示现。其面为牛头者，即具大力之意，亦含有印度文化习惯观念，尊重牛的象征。风土人情不同，不必拘为一谈。全身璎珞庄严者，表示一切差别智的圆满。脚下有许多的牛鬼蛇神，人非人等，即表示解脱下界，破除魔军，升华绝俗之意。其他画像如六臂者，即表六度法相。四臂者，示慈悲喜舍风规。凡此等等，皆为佛经义理之图形，故为浅智众生，由识图而明义而已。是以经说大威德金刚，即为大智文殊师利化身。举此一例，余由智者类推可知，不必一一详说。

至于各种坛城表法，与人身气穴亦有关联。如莲花为心脉气轮。三角为海底脉气轮，但视初生婴儿之外形即知会阴为三角地带也。在此附带说明今日针灸之学，一般皆未仔细研究及此。盖人身之气穴，并非完全如圆形，正如天体星星相同，有三角形的，有长方形的，有椭圆形的，有六角形的等等。故有时用针，抽出稍带血迹者，虽无碍人体，但实不知人身乃一小天地，某部某穴，如天体星星的布列，应属何种形状，倘在三角形穴道之处，针偏外角，已非正穴，略偏外围，故触及微血管，拔之即有血迹。如明乎此，对于针灸气穴之运用，又当另启新境界也。此乃古传所秘，我今在此亦明白说出，俾更有益于医学，如用佛学术语，则可说为。以此功德，回向法界众生，同得乐康之身，是所愿也。

一为密宗双身佛像，迹近秽亵问题：

此实古今中外久远存疑，昔日人所讳言，今则因教育之发达，国外性教育之公开，反有欲盖弥彰之势。甚之，在国外之流毒，有因此而促进性行为之泛滥不轨者。在国内而言，不知内义之士，往往将清代雍和宫之欢喜佛与《金瓶梅》并列为诲淫之嫌。旧时视此为密教之密者，当亦有避嫌之意。其实此一问题，有三重要义理，却非一般所知。

首先以宗教教旨而言，此乃吾佛慈悲，为欲界多欲众生，谋此一路，正如《法华经》所说："先以欲钩牵，渐令入佛道。"为教育上不得已的诱导向善的方便，智者一望而知，不足为训。

次则，昔日中外文化，无论为宗教的、哲学的、教育的、伦理的，对两性问题，不是遏阻的不许谈论，即是道德的逃避之。然文不胜质，千古人类，未尝因宗教或教育而稍戢淫欲，甚之，可说是随时代的演进，愈趋愈烈，在古代而言，不避嫌疑而面对现实，作解铃系铃之教育者，唯此藏密和道家南宗而已。综其教育目的，在以楔出楔，警告世人纵欲者不过如此，当从速回头。但世间万事，利害相乘，顺化逆化，都滋流弊，岂止此一事如斯而已。即如今日欧美性教育之公开，亦未敢断言必然是利多于弊。但两害相权，隐亦未必如显耳。

再其次，双身形像，实表示人体生命中，本自具有阴阳二气之功能。凡夫未经严格修持，不能自我中和阴阳二气，故偏逸流荡而引动淫欲。如能中和自我生命之二气，则"天地位焉，万物育焉"。即可超凡入圣。不然即为欲界众生，具体凡夫，生于淫欲，死于淫欲而已。如能严持戒、定、慧而离欲绝爱，方能至于"菩萨内触妙乐"之境，终而成为无男女相，不向外驰求矣。如《大智度论》卷二十一所谓："是人淫欲多为增淫欲而得解脱。是人嗔恚多为增嗔恚而得解脱。如难陀、优楼频骡龙是。如是等种种因缘得解脱。"智者由此观而精思，不为法缚，不从相求，即可洒然一笑而得除粘解缚。然后方知应以何身得度者，即现何身而为说法。所谓男女相，即非男女相，方能得少分相应。

一为今世现实的人类学与神学问题：

对于密宗画像，凡具有宗教成分者视之，易启精神幻观境界云云。而从学术研究者视之，则认为荒谬绝伦云云。凡此两种观念，亦应有一说。

在前者而言，须当明了密宗佛法之兴趣，确为后期佛学之传承。唯其教理，则凭唯识法相之学。用之表法，则取印度固有婆罗门等教遗绪，糅以佛法而升华之。如真知灼见印度流传至今之婆罗门等教神像，则对此已无足异。例彼与此，大致类同。国内国外收藏家，有印度婆罗门等教之单身双身像者，不乏其人，求证可知。如不明唯识法相之真义，徒事盲目推崇，未免为有识者所讥，应当自省。

有后者而言，举凡世界各处之宗教神像，要皆与该教发源地之人位本像相同，始终未离人界而能另图天界神像者，其理至为有味。甚之，谈鬼者亦如是，并无二致。唯密宗之像，取欲界、色界之抽象，杂人性、物性之图形为主，故视他家皆为不同。是否神人之形，确为如此，姑存之他日以待求证。

总之，佛说心外无法。"心生种种法生，心灭种种法灭。"禅门古德有谓："即心即佛"。又说："不是心，不是物，不是佛。"即是即非，无不非而无不是。如观密宗像法，由艺而至于道也，亦何不可。至于咒语问题，如密宗《大日经义释》曰："一一歌咏，皆是真言。"且拈此解以为结论，并以应钱浩钱、朱静华夫妇影印是册时，几度虔诚恳嘱之愿，是否有当，皆成话堕。知我罪我，自性体空，还之弥勒一笑可也。

（一九七二年，台北）

健身之部

《静坐修道与长生不老》前言

人,充满了多欲与好奇的心理。欲之最大者,莫过于求得长生不死之果实;好奇之最甚者,莫过于探寻天地人我生命之根源,超越世间而掌握宇宙之功能。由此两种心理之总和,构成宗教学术思想之根本。西方的佛国、天堂,东方的世外桃源与大罗仙境之建立,就导致人类脱离现实物欲而促使精神之升华。

舍此之外,有特立独行,而非宗教似宗教,纯就现实身心以取证者,则为中国传统的神仙修养之术,与乎印度传统的修心瑜伽及佛家"秘密宗"法门之一部分。此皆从现有生命之身心着手薰修,锻炼精神肉体而力求超越物理世界之束缚,以达成外我的永恒存在,进而开启宇宙生命原始之奥秘。既不叛于宗教者各自之信仰,又不纯依信仰而自求实证。

但千古以来,有关长生不老的书籍与口传秘法,流传亦甚普及,而真仙何在?寿者难期,看来纯似一派谎言,无足采信。不但我们现在有此怀疑,古人也早有同感。故晋代人嵇康,撰写《养生论》而力言神仙之可学,欲从理论上证明其事之真实。

嵇康提出神仙之学的主旨在于养生,堪称平实而公允。此道是否具有超神入化之功,暂且不问,其对现有养生之助益,则绝难否认。且与中国之医理,以及现代之精神治疗,物理治疗、心理治疗等学,可以互相辅翼,大有发扬的必要。

一种学术思想,自数千年前流传至今,必有它存在的道理。古人并非尽为愚蠢,轻易受骗。但是由于古今教授处理的方法不同,所以我们今天对此不容易了解。况且自古以来毕生埋头此道，进而钻研深入者，到底属于少数的特立独行之士，不如普通应用学术，可以立刻见效于谋生。以区区个人的阅历与体验，此道对于平常注意身心修养，极有自我治疗之效。如欲"病急投医，临时抱佛"，可以休矣。

至欲以此探究宇宙与人生生命之奥秘，而冀求超凡者，则又涉及根骨之说。清人赵翼论诗，有"少时学语苦难圆，只道工夫半未全。到老方知非力取，三分人事七分天。"之说。诗乃文艺上的小道，其高深造诣之难，有如此说，何况变化气质，岂能一蹴而就，而得其圆中之妙哉！

本书的出版，要谢谢多年来学习静坐或修道者的多方探询，问题百出，使我大有应接不暇之感。乃以浅略之心得与经验，扫除传统与私相授受的陋习，打破丹经道书上有意隐秘藏私的术语，作一初步研究心得之平实报道。对于讲究养生的人或者有些帮助。

在此尚须声明，所谓"初步"并非谦抑之词，纯出至诚之言。要求更为深入，实非本书可尽其奥妙。如果时间与机会许可，当再从心理部分，乃至综合生理与心理部分，继续提出研究报告。

（一九七三年，台北）

《易筋经》叙

相传达摩祖师西来，传授禅宗心法以外，复授有《易筋》《洗髓》二部功夫，以为修习禅定即身成就之助。后传至武术界，成为少林派之上乘功夫云云。稽此二功法之目的，为炼精化气，炼气化神，达于形神至妙，而为成佛作祖之助道品。与历来武术界视为绝顶神功者，意有迥别。相传洗髓功夫，传承幽渺，似已中断。易筋功夫，虽习者代有其人，然各家所传不同，莫衷一是。尤以坊间流行及钞传之秘本，相似者各有出入，不同者面目全非。各称嫡传，真伪难辨。达摩祖师传授禅宗心法以外，同时传有外功方术，当为事实。河南嵩山少林寺，自祖师以后传出之易筋洗髓功夫，以谙于武术之学者考证，则非祖师本来面目，乃唐宋间武师，入山出世，糅集中国固有之武术内功，参合道家导引之法而成。厥后流传愈广，出入愈多，附托者有之，假借者有之。且武术家一脉师承，常多秘惜真传，盖恐险恶者得之，如虎添翼，适为其作奸犯科之利器，故讳莫如深，不尽其说，支离授受，各师其师，各是其得，欲穷溯本原，考定真伪，殊非易事。然凡所传习者亦必各得其一支，能综而择其善者而从之，则大可为炼功养生之助矣。

一九四三年秋，余憩影峨眉，偶于中峰绝顶一苦行头陀处，得睹此祖师真传珍本，阅其内容，与历来传授者迥异。头陀习此有年，年逾耄耋而宛如四五十许人，攀山越岭，健步如飞，拔竹折木，犹如拉朽。尝戏引钟杵重击其腹，屹然不动，撞击百余，若无事焉。过从既久，恳其借钞，慨然付授。第频年转从，鬓添二毛，而书剑荒芜，百无一就，萧条行箧中，历年抄录之秘笈荡然，惟此孤本尚存，殆非夙缘耶！自由出版社年来搜印中国隐秘典籍，以广流传，藉保吾先民之传统文化遗产，独任艰巨，至感钦迟。承嘱将此本公诸于世，并与叙说出处，因不敢自秘，乃略述其因缘如上，至于此本所传之功夫方法，是否即为上乘，当在学者之抉择，谫陋如余，未敢贸然臆断也。

（一九五七年，台湾）

葛武棨先生著《气功之理论方法与效力》序

吾闻学问之道，在变化气质。变化气质之道，大约不外二途：从斋心敬一而诚意正心修身，至于致知格物，此为其一，乃集义之所生，由内而达外者，理极平实，行之非易。其次，从苦其筋骨，劳其体躯做起，至于炼气凝神，以定静之功以变化气质之性，乃修炼之功，由外而进于内者，事极易行，而坚贞有恒笃行之者，亦不易得。知者过之，愚者不及。故学道者皆是，及其成而臻于实用者颇不多得。葛武棨先生，韶年立志报国，半生奔走革命，其事业勋名，素为识者深知，不待推述。避居台湾，偶得重病，于药物不能治疗之时，改习气功，三年勤奋，昼夜无间，不但体健色壮，且已知其中玄奥，不觉欣然雀跃，认为道在斯矣。乃秉其坦率仁爱之念，欲推己及人，救世利物，著此气功一书，属余为言。余自愧慕道无成，行无余力学文，恐辞多害意，唯信笔述其事实如此。

（一九五九年，台湾）

谢译《印度瑜伽健身术》序

瑜伽者，原为古印度学术思想之一派。与婆罗门、数论等学齐名并驱，当释迦牟尼开创佛教之时，固并存而未稍戢也。梵语"瑜伽"，译义谓"观行""相应"，或亦译为"禅思"。数论学派的学说，大抵为二元之实在论，倾向于无神之说。而瑜伽则以神我、梵我为主，作清净之观行修持，以求解脱欲世之累，升华而达于梵净之域。故原本《瑜伽经》之内义，依四品立说。一曰《三昧品》，述说禅定境界之本质。二曰《方法品》，说明入定境界修持之方法。三曰《神通品》，演叙神通之原理及种类。四曰《独存品》，阐述其终极目的，而入于神我之境。此派学术思想，大体承受数论学说，析"自性"为二十四谛，"神我"为二十五谛，更建立"神"为第二十六谛，即佛经所称之"自在天神"，为色界主者。其学说思想，既形成一大宗派，自必有言之成理，理足为文之一家之言。

该派实验修持之方法，大体建立"八支行法"，为达神通境界而至于解脱之次第。所谓"八支行法"之原则，即禁制、劝制、坐法、调息、制感、执行、静虑、等持也云云。依此修持之极，即变八微为八自在。所谓入微者，即地、水、火、风、空、意、明、无明也。八自在者即能小、能大、轻举、远到、随所欲、分身、尊胜、隐没也。本此学说与方法之演变，枝蔓分衍，乃有各种瑜伽之术互相授受，其中以军荼利瑜伽术，播扬尤广。

此种学说方术，迨释迦牟尼兴起，整理印度从古以来全部文化，融通诸家异同之说，删芜刈蔓，归之真如，无复往昔之盛。盖佛学中唯识法相之学兴,糅集整理瑜伽等各派之理,熔铸陶冶,趣之正智。禅观密行之学兴,撷取瑜伽等各派之观行方术,含英咀华,流归法性。论藏中如无著大师所述之《瑜伽师地论》,穷源探本,理极其精。东密藏密,术极其能。如日照萤光,果然灭色。但吾国自宋元以还,印度本土,已无佛学。他山之石,早已移植于此土。故彼邦历近千年而迄于今,由婆罗门、瑜伽派之余绪,郁然复萌,渐渐形成印度教之建立,而与回教等并存而不相悖也。

大抵人生宇宙之学术,富于神秘色彩者,莫过于东方古老国家之文物;中国、印度,尤为彰明较著者也。近世以来,欧美人士探求东方之奥秘,如雨后春笋,争相挖掘。彼等惊震于瑜伽术之神奇,竞相传译其学。流风所及,近年国人竞相访习,不乏其人。因之以讹传讹,欺世自误者,亦在所不免。如以该派之术而论,其特异效验之处,确有速成之功,较之吾国方伎气功丹经家言,实有超胜之处。甚之,其精细透辟,尤有优越于彼者在也。至于佛家禅定观行,博大精微,与瑜伽术等相较,更不可相提并论。唯国人数典忘祖,目迷外视,不能内省自疚,起而整理之,研究而实验之,致使悲叹迷方,不知所归。身怀异宝而行乞四方,曷胜浩叹。

吾友谢君元甫,研究博物,毕生从事教学,历任国内各大学教授有年。近复有志国故,涉猎道家方伎之学,药物之方,因此而于瑜伽术亦发生兴趣。数年前,嘱为代购《印度瑜伽健身术》一书,赓即亲自翻译以成。冒暑涉寒,心不退转,其意为学术兴趣而研究,固不计其他也。书成以后,将由真善美出版社宋君今人为付铅椠,复速缀数言为介。义不容辞,姑妄言之如是。其译文注重质朴,以征信为尚,匆匆不及藻饰,其亦留待后之有心人为之耳。

(一九六四年,台北)

《印度军荼利瑜伽术》前言

瑜伽之学，源于印度，为彼土上古学术之巨流，与婆罗门相传之"四吠陀"典递相表里。自释迦文佛应现彼邦，汇原有百家之说，删芜刈繁，归于无二，瑜伽之术，亦入其宗矣。瑜伽之义，旧释为"相应"，新释为"连合"，皆指会二元于一体，融心物而超然之意；与此土之天人合一，性命双融之说意颇相似。稽之内典，凡趋心禅寂，依思维修，由心意识至解脱境，皆已摄于《瑜伽师地论》中。复次从有为入手，修一身瑜伽而证真如本性，则密宗胎藏界三部中之忿怒金刚、军荼利瑜伽等法尚焉。西藏密宗传承，无上瑜伽之部，内有修气脉明点，引发自身之忿怒母火（又曰"拙火"，或灵力、灵热等），融心身于寂静者，亦即胎藏界中忿怒金刚之修持也。凡此受授，皆经佛法陶融，因习利导，而入于菩提性相之中，是乃佛法之瑜伽，志在解脱也。此外，印度原有瑜伽之教，固自代有传承，源流未替，变化形蜕，如现在印度教等，术亦属焉。年来国际形势转移，世界各国沟通学术，互资观摩，欧美人士，初接瑜伽之教，惊彼修士神异之迹，递相转告，于物质科学之目迷十方，耳聩八音外，群相骇异；于是印度瑜伽修士，在海外应科学家试验者，时有所闻，或沉水不溺数十日，或埋土不死若干周，或火不能焚其身，或物不能挠其定，各种神通奇迹，变化莫测，则未可以现代科学知识论矣。凡此之徒，乃瑜伽派修士，与密宗修身瑜伽学术，大同而小异，其中心宗旨与乎究竟归趋，迥然有别，军荼利瑜伽，即为其术中之主干也。

以瑜伽而言瑜伽，凡诸究心身性命之学，趋心神寂者，莫不属之；故瑜伽修法，大体可分为心身二门，若依心而起修，则禅思观想等属之；外其身而证真我，空其意而登净乐。尤其依密宗字音声明证入宇宙真谛，感通于形而上者，为其法中密要；即同佛法之返闻自性，观音入道之门也。伟哉观音！远在婆罗门教之前，固已常存宇宙，为诸教之宗师矣。而军荼利修身瑜伽中，于此仅具端倪，未窥全貌，欲探其源，必须通明密咒奥秘，入观音之室，方得而知。若依心而起修，则气脉明点，忿怒母火之修法等属之；化朽腐为神奇，融心物于一元，指物炼心，莫此为胜；军荼利瑜伽，已见其梗概，而犹未尽其妙也。

本书中传述诸法，若持之有恒，如立竿见影，功效卓著：小而却病延年，大而神妙莫测，而修得五通（天眼通、天耳通、他心通、宿命通、神足通），诚非戏语。而若干细微过节，及对治之方，苟无师传，受害亦非浅鲜。且其法首重独身，专志苦行。不能遗世独立，修之适得其反。例如诸身印之术，在彼土专修者，往往坐立倒持，可历久长时日，以勉强为精进，以苦行为勇猛，一般学者，实非所宜。又如用布洗胃，以刀割舌，乃至吐火吞刀之流，即易入魔，又易致病而夭折，未可妄自尝试。更如用银管以炼下行气，吸水提收之术，妄者习之，即流于房中采战之歧，可以杀身，可以败德，与瑜伽之本旨，背道而驰矣。此举其荦荦大者，余未详述。若心恋世情之囿，术操超解脱之方，此为绝对矛盾，不待智者言而自明焉。

或曰：佛重修心，道主炼气，以密宗修气脉明点与乎瑜伽之术，同于道家，固为佛斥为外学也，习之可乎？曰：心非孤起，依境而生，境自物生，心随能动；所谓能者，充塞宇宙，生万物而不遗，依心而共丽，同出而异用；心身相依，交互影响，凡心求定而未能者，即此业气为累；犹浪欲平而风未止，云无心而气流不息；苟心气同息，转物可即，此为定学之要，非空腹高心者可得而强难也。

定学为诸家共法，直指明心，岂能外此。若道家导引、吐纳、服气、按摩之术，为其专主修身之一端，属于炼气士之修法，法天地阴阳化育，参生机不已妙用；大抵皆粗习其支离片段，自秘为绝学，能通其全要者，殊不多见。若武术家习炼之气功，则又为其支分，不足以概全也。依道家而言道家，瑜伽气脉之修法，同其导引服气之术；而二者比较，瑜伽之术，较为粗疏，此则难逃明眼者拣择。唯此土修炼之士，有一传统习惯，造就愈高深者，入山唯恐不深，逃名愈恐不及，终至寥落无闻，受授不识。而瑜伽之学，适以时会所趋，张明广著，宏扬于海外，得其译本者，或宝为枕秘，或恐为流毒，多深藏而不布，其心固可嘉，其事则未是，"谩藏诲盗，冶容诲淫"，珍密法而神秘之，其斯之谓乎！

庄生有言："野马也，尘埃也，生物之以息相吹也。"极言穷宇宙之奇，唯此一气之变化，天地为一大化炉，人生为一大化境。此气者，即现代科学所谓电子原子之能也。苟以宇宙为炉鞴，以人物为火蜡，以智能为工具，以气化为资源，持其术以治之，摩挲炉鞴火蜡之间，则宇宙在手，万化生身，宁非实语！若进而知操持修炼之本，不外一心；天地人物原即幻化，觅心身性命而了不可得，何用系情事相，搬心运气，弄幻影之修为哉！萧兄天石，应同好之请，翻印《印度军荼利瑜伽术》一书，辱承枉问，自憾养气未能，吹嘘无似，聊缀数语，以塞责耳。

（一九七一年，台北）

《少林寺与少林拳棒阐宗》前介辞

有文治者必有武功，此乃中国传统文化之名言，亦为显示上古之世，文武合一之名训。然所谓武者，即止戈为武之义，以威杀而止残杀，以奋战而达非战，实为护生仁术之功德也。但武学约有分为广狭两畴，广义之武，即为军国大防兵法战阵之学，必以戒慎恐惧，好谋而成，非徒似暴虎冯河之所为也。狭义之武，即手足搏击，乃至以器械搏斗，所谓执兵戈以御社稷者是也。至于任侠尚气，睚眦必报，流血五步，在所不惜者，已非尚武之大义，徒为匹夫之勇耳，犹所不豫焉。然皆立基于强身健体，养志率气之道，则无论为兵经之武学，抑为个人之武术，其道一也。

远溯吾先民之尚武精神以迄汉、唐以后，由徒手胝足之搏击而至于把捉兵器之武术，由技而进乎道者，昔皆与文艺并重而称之曰武艺。习武而造诣于艺术之境，则其道也，已超越于搏击残杀为本事者，深且远矣。然武艺之境，谁能创此？曰：非为一人一家之所创始，实集先民累世之学力与实习之所得者，因时因地因人而授受，固非一端也。唯自唐宋以后，辄由博而返约，局于因袭成见，称外家而独尊少林，内家而推崇武当，殊为浅且陋矣。且言少林者，必宗主达摩，言武当者，则祖崇张三丰，尤不值识者之噱也。

推究技击武艺之造诣，刚柔相生，内外互用，高低相倾，上下相应，左右兼顾，轻重并济，内炼精神气，外炼筋骨皮，无论少林、武当，乃至百家技艺，皆须臻于圆通，不可偏废。所谓武当源出于少林，少林创始于达摩，此皆因人而崇拜，囿于盛唐以后，禅宗之有五家宗派之分立，道家之有南北玄门之歧途，分河饮水，相习成风，门庭建立，执守师承，谬误生矣。然则，达摩固传有《易筋》《洗髓》二经，抑为非是耶？曰：传出有因，事非稽古。盖因华佗五禽戏而至小乘禅观之有安般呼吸以治禅病法门，乃有易筋、洗髓之说兴起。后世之《易筋经》，世传多种，各有专长。《洗髓》一经，并非亡佚，实自《禅秘要法》中白骨观变相之说也。至于少林拳棒，实为汇集各家善于技击，而遁入空门者之所长，代有增益，实非定于一人一技之发明也。例如明清以来世所习之大洪拳、太祖棍等，亦相传自宋祖赵匡胤所习于少林寺者。如依此附会，则周侗传岳武穆之形意拳、长蛇枪法等，源出河南，亦何尝不可谓胎变于少林，不须复归于内家拳之列矣。要之，后世之习武者而大半不文，故于我国五千年来技击武艺细密深沉之史学，杳然而不可考矣。惜哉！

余生自体弱多病，唯自童年即嗜好固有之技击国术，亦曾遍参南北诸师，醉心于少林、武当等内外功之学术。唯限于弱质，且禀赋疏懒，尤耽于寂静自恣。壮岁以后，心染世务，复厌倦于武林之不学无文也，故而尽弃所学，聊寄梦幻浮身以度劫浊。多歧亡羊，好学而无所成就，故杜口而不言技击国术者，已五十余年矣。今因张震海先生之促，重作冯妇，赘叙其所专著《少林寺与少林拳棒阐宗》，惭惶无似。先生乃民初大侠杜心五先生与胡半仙等之传人，擅长武艺而又为西洋运动学之名教授，蜚声国际，旅居美洲。况又勤于写作，潇洒成文，意之所至，兴之所发，随即远寄长函，旷论今古，殷勤咐嘱，敢不从命以应。至于本书所授拳棒架式，若能勤而习之，颖悟其中三昧，当可运用无方，强身御祸，自应无疑。谚云："艺多不养家。"学者当三复斯言，即可得其圜中矣。是为之介。

（一九八四年，台北）

历史之部

《武圣关壮缪遗迹图志》序

老古出版社自成立以来,发行书籍皆以开继承启文化为职志。顷者,负责业务之古生国治,编辑部之曾生令伟,偕来问讯,且告知即将出版《武圣关壮缪遗迹图志》一书,嘱为之序,骤闻其请,诚有难以下笔之感。盖自元明以来,关公事迹,由史乘而衍为演义,自人位而极为帝天,迷离惝恍,家喻户晓,俗成聚实,贤者犹不免于信奉,况已成为民俗文化之中坚信仰,普为四海同钦,须欲辨别其是非有无之际,诚无益于化民成俗之旨,且徒乱于季世神道设教之风也。

尝谓上下五千年,中国文化之人物,于史册名闻之外,而独能普遍流芳于百代,且又为后世所尽知之人物,誉圣颂帝,数不多得,文如尼山之孔夫子,固不具说。武则关、岳并称,而尤以关公为普闻,其故何哉?思之再三,俗称岳武穆独以精忠报国为典训,其量止于君臣之阃,而未能化及人伦之大者。至如世所标榜关公之忠义,则于忠道之诠释,不仅施于君臣之际,且可尽于人伦纲常之间。其于义道之影响,且可概于朋友之谊而及于社会之则。是诚春秋大义之微旨,故关公之典范,终能由人道而臻于神明之尊,岂偶然哉?非徒然也。

孟子有言曰:"可欲之谓善。有诸己之谓信。充实之谓美。充实而有光辉之谓大。大而化之之谓圣。圣而不可知之之谓神。"以之律于关公生平之尽心志节,诚如孟子所言前二者之实,后四者之基。若夫身后之修,抑为精诚之渐进,或为聪明正直,死而为神之美祟,洵有不可知者。佛曰：不可思议，亦其斯之谓耶？

论者有曰：征之史实，演义之说关公事迹，不可尽信，且其为人所盛传徐州依曹之玷，计较马超之忌，拒绝孙吴之执，以及荆州之失，其可议者殊多，曷足以当武之圣者之誉乎？曰：此亦有说。孟子曰："尽信书，则不如无书。"况陈寿之撰，依违曹魏而轻议蜀汉，亦理所必至，事有固然也。然寿之史传曰：

初，曹公壮羽为人，而察其心神，无久留之意。谓张辽曰：卿试以情问之。既而辽以问羽。羽叹曰：吾极知曹公待我厚，然吾受刘将军厚恩，誓以共死，不可背之。吾终不留。吾要当立效以报曹公乃去。辽以羽言报公。公义之。及羽杀颜良。曹公知其必去，重加赏赐。羽尽封其所赐，拜书告辞而奔先主于袁军，左右欲追之。曹公曰：彼各为其主，勿追也。

即此而观陈寿之微言，于关公之志节神采，及其进退权宜之际，情至义尽，从容不迫，固深得于《春秋》大义之旨，岂可以古文简略其叙述而诬以依曹为失节耶！故罗贯中之作《演义》，衍其内蕴，虽非信史，亦无溢美史迹之誉。《易》曰："知进退存亡而不失其正者，其唯圣人乎！"此诚万古纲常之典范，美哉其人是之足以谓之神也！

寿传又曰：

闻马超来降，旧非故人，羽书与诸葛亮，问超人才，可谁比类？亮知羽护前。乃答之曰："孟超兼资文武，雄烈过人。一世之杰，黥、彭之徒，当与益德并趋争先，犹未及髯之绝伦逸群也。"羽美须髯，故亮谓之髯。羽省书大悦，以示宾客。

后之论者，据传所谓"亮知羽护前"一语，谓公有忌才之嫌。复以"省书大悦，以示宾客"，量其器度之不广。殊不知公与刘先主，崛起草莽，世途之辛苦艰难，人情诚伪莫测，备尝备知。方其独当一面，威负重镇，乍闻西陲降将，而又非创业故旧，衡之国策，岂可不有此一问，以定全面战略之机，何忌之有？至于传称"亮知羽护前"者，盖谓诸葛亮深知公情重故旧，嫌疑新降之意，故以老友轻松游戏之笔，以释其疑。书称"犹未及髯之绝伦逸群也"。足以见诸葛孔明与公情谊之亲切，故出之于戏言之句，因之而有公之"省书大悦，以示宾客"之举。实非器局狭小之态，洵为君臣朋友相得无间之情事。倘徒依文解义，不究其微言之妙，则其诬也，固亦当然矣！

至若其拒婚孙吴，则在陈寿之传，及典略所载，固已详述。当是之时，公"威震华夏，曹操议迁徙许都，以避其锐"。可见孙吴之议和，仅为权谋而诡计，则公之拒婚，义固当然也。况孙吴前有婚盟于刘先主，而终亦以违亲亲为诡谋，前车覆辙，殷鉴不远。此公固知和亲于吴之不足恃，拒婚于孙吴亦不足恃。公谊私情，两皆无益，当机在局者应所深知，殊非千载以后可轻议得失也。

及其荆州之失，固又出于孙吴之渝信背盟，又复牵掣于故旧将校，糜芳、傅士仁等辈之变志投敌，虽有"间谍"失察之嫌，而古今至诚直道之君子，往往祸起萧墙，困厄于亲信旧谊之间者，史实难以胜数，此所以读史者每为千古人心险恶易变而掩卷长叹者，虽曰人事，岂非天命哉！蜀记有曰：

> 公初出军围樊，梦猪啮其足，语子平曰：吾今年衰矣，然不得还江表！

观此，此非公已预知时至，其亦生而神灵者乎！今为辑印此图书,并附论及之。近者,世俗传称,天志易运,民封神榜曰"关圣大帝",且非民心即天心,神由人兴之意欤!是为序。

(一九七八年冬月,台北)

陈光棣教授与
《泛论中美外交关系》一书

去年（一九七一年）的秋天，为应清华大学同学专题演讲之邀请，特别去了一趟新竹。我向来不喜欢记事，更不愿意死记着往事的日期和数字，虽然事隔不久，也早已忘记是哪一月哪一天的事了。那天的上午，洪同教授打电话给我说：他有事到台北开会，不能在学校里等我，一切招待的事，已托陈光棣教授代劳。其实，我很怕这些公式化的应酬，什么招待不招待，毫无意思，答应来讲演就讲演，管他那些事作什么？但洪同教授以前与我有过一段因缘，现在他是清华的总务长，更重视礼节，陈光棣教授又是老朋友，很久不见，见面多谈谈，总是好的。

我记得到达新竹站时，已经日近黄昏，华灯初上了。我不认得来接我的同学们，同学们也不认得我，当我自己正要叫车去清华时，幸好来接我的校车上的司机，头脑真够清华，他看我东张西望，像个丧家之犬，便问我是否是到清华去演讲的，我就笑说："是的。"于是，来接的同学们也知道了，大家半中半西地礼貌一番，嘟的一声，直放清华。

到了地头，光棣教授早已在招待室内，彼此长久不见，见了面，就互道思念之情，如此如彼地嘘寒问暖一番。他和负责招待的同学们，陪我吃了中式的西餐晚饭以后，又上来一杯咖啡，打开了另一面的话匣。据我所知，光棣教授是一个杰出的人才，多才多艺，倜傥风流，兼而有之。但因时间匆促，我们来不及谈风趣，我只关心他的中国史的大著，有未完成。他当时对我说：目前正忙着写一部《泛论中美外交关系》的书，而且告诉我他所写的立意和方向。我当时听了，首先叫好，要他赶快完成这部书。因为我有自知之明，太粗疏，但可乐于与人为善，而且有激扬别人长处的呆劲，所以特别高兴听他谈著作的计划。如果当天不是被拖上"来讲演"的空架子，真想请他好好地讲下去，我极愿意作他的听众。

事情过去了，又快到过年了，恰好在一九七一年（阴历）除夕的那一天，接到陈光棣教授给我寄来了他的一部巨著。开始我不知道是谁寄来的闲书，随手一放，堆在平日惯例的来件中，等到有空时再慢慢地清理。当时，站在我身旁的一位同学说："这好像是陈光棣教授寄来的新书呢！老师经常说他是很风趣的人，就是他吗？"我听了就叫他替我赶快拆开来看，才知道就是他那天对我讲的《中美外交关系》的新书出版了。因此，我连忙读他的序文——前言，顺便又翻阅目录，一面看，一面情不自禁地叫好。那个仍然站在我身旁的同学问我好在哪里？我说：这是此时此地，你们这一代青年同学们必须要知道，要先读为快的书，好就好在他为你们搜集撰述了应该知道的当代史料，可以使你们温故而知新，对于国家和个人的未来前途，知道应该走哪一条路。同时也可以使你们对于世界局势的变化，有更深刻的了解。

我向来不会替人作书评，而且读了每一本书，都好像无从评起，因此欠的这类文债也特别多。有些因所求不遂，或另有所写的人，因此便拼命骂我是"江湖"，是"旁门左道"。好在我对这些事，已听惯不惊，而且当它是过分恭维的耳边风，殊不知道我连"左道旁门"和"江湖"都不够格。但是对于陈光棣教授这一本书，我却乐意要为它推介，这是"世事洞明皆学问"的事，而且现代中国的青年学生们必须要读。也可以说，这就是我"任兴"的一面，只要自己兴趣所在,认为"义所当为",就不管是非,该作该说的就说就作了,更不要通知光棣教授。——最后,附带说明,陈光棣教授的这部书,据我看到的版权页上所记载,在世界书局可以买到。

(一九七二年,台北)

陈著《孙子兵法白话解》序

人类世间,既有名器,即起争心。虽曰天人,犹难免与阿修罗战斗。况世运衰降,人心非古,欲弭灾劫,战防岂能免乎!故《易》系传曰:"弧矢之利,以威天下,盖取诸睽。"《阴符经》曰:"地发杀机,龙蛇起陆。人发杀机,天地反覆。"虽皆为警世之言,实示唯止戈为武,乃得成武德而全武道也。故吾国先民文化,言武德者皆不离于道。周秦以还,兵家谋略,政法刑名,莫不祖述道德,散为外用。道家者流,阐阴阳而统兵机,老庄已启其契。汉魏以后,凡神仙家言,靡不谈兵。《鸿烈》《抱朴》,阐其玄奥。孙武、孙膑,亦皆道术之分化,岂能舍道而独言兵事哉!然道也者,广漠无朕,寂然不动,感而遂通。欲循而无迹,欲盖而弥彰。唯智者神而明之,应用无方,是得自然之智,而知离有离无之用。兵机道术,其揆一也。故今昔名将,虽曰不学,而皆暗合兵法。兵事随时变,随势易,岂固有不变之定法耶?而云暗合者,非法之法,徒以文字言语示之,如斯而已矣。但自战国孙子,有兵经之始,十三篇之说,为世圭臬,历久常新。木立而影见,径辟而途从,后之论兵事者,舍之而无足以立言。犹"六经"之后,违之而不称为学也。故历代之作,莘莘可名,如《孙子兵法十家注》,以及李筌兵书,岂固墨守成规,方得以言兵学,盖亦借石他山,眩目攻错,托古之名而扬新说耳。今者,四明陈君行夫,汇其昔日在美国曾作讲学之《孙子兵法白话解》一书,刊而出之,迨亦寓意笔说,藉露心言。然后乃以知命余年,伏枥而学易矣。故乐其请而为之序。

(一九七二年,台北)

黄著《中国近代思想变迁史》前言

我和黄公伟教授认识已有二十六年。黄教授过去在大陆时,曾有党、政、军、学、新闻事业等许多经历。那时虽然我们还不相识,但他的朋友长官们,有些我都熟识,因此也间接知道黄教授的为人,忠厚笃实,治学甚勤。在最近十余年来,我又和他同列教席,相见的机会比较多,相知也比较更深一层。他除了教书以外,便潜心著作,专志名山事业,求之现在的读书人中,实为不可多得的,值得钦佩。

当我在一九七一年夏天,开始创办《人文世界》杂志的同时,曾经对"二十世纪青少年的思想与心理问题"连续作过十多次专题演讲。我深深觉得要后来的一代,知道如何"拨乱反正",需要把过去一个世纪以来影响历史文化变故的学术思想,有系统地告诉他们,这是很重要的工作。我想做,但精力和时间都不许可。同时也感觉到论议古人容易,评述今人未免有许多困难和忌讳。所以一再因循,始终没有着手。有一天,和黄教授一起吃饭,在席上我谈起此事。希望这位涉猎渊博的现代学人,能够担负起这件工作。当时,他慎重考虑之后,总算愿意一试。

到了一九七二年的元月,我又写了一篇《从处变自强说起的另一页》专论,刊载于《人文世界》(见本刊第二卷第二期)。虽然是言者谆谆,听者藐藐。但身为现代的读书人,有所见而必须要说的,总要坦陈而出。在这以后,有几位同学对我说:"黄老师正在埋首写那一部书,他说,是您出的主意,真害苦了他。搜集资料,删订裁剪，大费心力。也许这是他关门的著作，完成以后，他想再不写书了。"我听了更加肃然起敬。

去年再度与黄教授见面，他对我说："已经完成此书，虽然有许多困难，不能尽如人意，但总算大体完功了。"并且要我写一篇文章，留作此事因缘的纪念。我虽谫陋，实也难逃其责。后来我想来想去，毕竟才思有限，另外写不出什么道理，只有把这篇旧作交卷，忝附骥尾，以陪衬黄教授宏著。

（一九七二年，台北）

其他

《人文世界》杂志创刊词

新办刊物,循例须有创刊词,宣明其宗旨、目的、内容、风格,与读者作者的共同需要、共同兴趣,冀以引起共鸣与支持。当今世界,传播事业,如风起云涌,一般知识的普及,几已无须藉文字帮助。新闻报章,行将渐趋落伍;何况此时此地,杂志刊物的流行,到处可见,创刊皆有词,且皆文章华丽,构思精辟,再复侈言文化学术,宣称为中国文化而努力,为东西方文化交流而服务,不是流为口号,即是成为具文,多加一本刊物,多增一堆废纸而已。而吾辈不避艰辛,不畏挫折,为融会交流东西方文化思想,为复兴中国学术文化而创此园地,固然明知故犯,实亦不忍坐视人类世界自罹浩劫;而中国累积数千年的文化精神,足可补救物质文明的缺陷者,亦将随浮薄浊乱的世风剧变而沉沦也。

然东西方的文化学术,百绪千端,整理已经为难,欲穷源溯往,力求正本而开展新机,谈何容易?况今日世界,新迷于科学文明的疯狂,久困于精神意境的贫病,东西文化学术,几已陷于思想瘫痪的境界,徒藉平白之身,言不足以动听,名不足以惊众,思欲振聋发聩,挟泰山以超北海,适见其不知自量。虽然,学术文化,追根穷柢,莫不基于人类的思想而来,而一般人思想的蔽锢,多由于物质欲望的朦蔽,知识分子思想的停塞,多由于主观成见的阻碍;如能打通物质欲望的坎限,进向精神升华的领域,泯除主观的成见,窍开停塞的大道,万一有助于人类、世界、国家、民族者,亦足以告慰安心,庶几对于人类社会,薄有交代,便可长揖世间,身随物化而无遗憾于虚生矣。

然而文化学术，事非凭空虚构，必藉历史时代的潮流而运成其际会。自十九世纪以迄于今，西方文化学术的风潮，波澜壮阔，夹泥沙玉石滚滚而来；初则突破东方各国传统保守的藩篱，挹注西方学术的新思潮，促成历史文化的变乱。继之，由西方工商业革命与经济的影响，随同唯心哲学与唯物哲学的冲击，汇成各国政治思想的争变，扩而充之，形成国际间思想战的壁垒。人类社会应有的人伦道德，社会秩序，人生哲学，与今后自然科学发展结果的新趋向，新境界，既遭人类历史的大势所趋而破坏于前，又无新的思想学术，可与科学会师而整建于后。虽举世界皆知其弊病日深，而乏救时的良药；物质文明愈趋进步，精神思想愈加颓丧，方今人文思想，更无新的指标可以导致人类消弭乱源，几已至于真空状态。后起之秀的一代青年，统皆感受现实的困扰而陷于紧张、恐怖、冷酷、斗狠的境地，于是造成本世纪的末期，尽为镇定剂与麻醉药品的时代，前因后果，慄然可惧。

本刊创办，实欲藉此园地，温故知新，集思广智，希望对此混沌世界，罅开人文思想的曙光，或者汇集涓滴的精思而益成智海，或者融通古今中外的精华而沛注慧学，皆有待于今后的精诚从事，与各界的不吝匡正。

（一九七一年五月，台北）

东西精华协会宗旨简介
——节录自《东西精华协会中华总会纪要》

我们要担起挽救狂澜的工作

今天的世界,普遍陷在迷惘中,是非缺乏标准,善恶没有界限。它的远因近果,实由于物质文明高度发达的反映,人们但知追求物欲而忽略了精神上的修养,于是变得没有理想,没有目标,浑浑噩噩,茫然而无所措、无所从。人心如此,国际如此,整个世界人类何尝不如此,危机重重,人类再不回头,终将走入没顶的深渊。

东西精华协会(East-West Essence Society)便是在这种情况下诞生的,实在说,这个协会的诞生,乃是基于现代的需要。中、美两国有心之士,发起这个组织的宗旨,正如本协会的名称所揭示的,要从东方文化中和西方文化中摘"精"取"华",身体力行之,发扬光大之,挽救思想文化之狂澜于将倾,导引人类走向"老有所终,壮有所用,幼有所长"和平安乐的大同境界。

也许有人以为本协会的陈义过高,可能流于口号,但以下所叙述的本会成立经过及今后的做法,可以说明我们深切了解"行远自迩,登高自卑"的道理,愿我们脚踏实地地努力,能得到大家的共鸣和支持。

东西精华协会发起的动机实是始于我国,而国际总会却最早成立于美国。发起这个组织的都是对东西文化有深切认识,而且普及于社会各阶层。公元一九六九年八月,总会在美国加利福尼亚州California成立时,会员只有十几人,可是不旋踵间,便得到社会各方的热烈反应,赞成的人数增加得很快。目前世界各地都有成立分会之议,中华总(分)会可说开其先驱。总(分)会的宗旨不营利,不分国界、种族、宗教,不牵涉政治,与国际总会的宗旨相同,而其着力点则在于发扬东方文化——亦即中华文化——之所长,以济西方科学文明之不足,而为社会人类谋福祉。此点可说与中华文化复兴运动的宗旨殊途同归,百虑一致。

东西精华协会的做法将是实际的,譬如中华总会目前所致力的重点工作,便是辅导青少年问题的社会青年教育,及筹建可供养老的"安颐别业",同时并将分别设立儒学中心Confucian Center、禅学中心Ch'an(Zen)Center、道学中心Tao Center、西洋哲学中心Western Philosophies Center、医学中心Medical Center,渐次开办有关中华文化的各种进修班和研究班,藉以振兴中国文化,进一步谋求东西文化之交流、融合。

东西精华协会中华总会的所有活动,都将采取绝对超然的立场予以贯彻,并且都将聘请受人敬仰的专家学者主持其事。献身于这项工作的人,都出之以热忱,但求心之所安,对于名利和毁誉是丝毫不计的。

我们要特别声明,这个协会的目的既不是复古,也不愿被人加上"创新"之名,我们只是平实地为人类寻找可行及可努力的道路,免得大家再迷失了本性,迷失了方向。

在中华总会成立的过程中,有许多人自愿加重本身的负担,出钱、出力参加工作,也有许多善心人士,毫无条件地捐地捐钱,其中特别值得首先一提的是赖宏基父子,他们捐献的大笔土地,大有助于本会今后的发展,我们在此要特别表示谢意。但是由于本会初期的工作方向为文化、出版等事业，无法兼顾土地、建设其他工程，因而又将原地奉还。

现在，本会一切尚在初创时期，要求开花结果，还须有识、有心之士共同来灌溉，切盼大家能认清时势所趋，和本会携手来努力以发扬东西文化精华的工作。

东西精华协会六问

一、东西精华协会的性质如何？

本会不分国籍、种族、宗教，不以营利，不牵涉政治为宗旨。以致力于东西文化的融会贯通为己任，同时并从事社会教育及福利事业。

二、何人发起此一组织？成立于何时何地？

本会系由对东西文化有深刻认识和研究的中美两国人士所发起，成立于一九六九年八月，在美国加州。

三、中华总会成立于何时何地？组织如何？

中华总会成立于一九七〇年三月，在台北市。本会以会员大会为最高权力机构。会员大会闭会期间，由理事会代行其职权，而以会长负实际推动会务之责任。

四、中华总会做些什么事？

在融会东西文化的大前提下，中华总会将举办各种进修班，如禅学班、西洋哲学班、国画班、国乐班、国医班、语文班等，均欢迎有志进修人士报名参加。

本会并将举办各种社会福利事业，如为养老而筹设的安颐别业，为导引问题青少年回归正路而筹办的青少年辅导院等。

本会并将设立出版事业委员会，编译事业委员会，出版编译各种有助于融会东西文化之书籍。

五、怎样可以加入为会员?

本会对会员的审查要求极端慎重,凡合于本会章程规定,获准加入为本会会员者,其在社会上的声誉,即应当获得极大的保证。

六、会员有哪些权利和义务?

本会章程虽规定会员有若干权利和义务,但希望大家能了解,本会是个服务社会教育及社会慈善福利团体,这是一项施舍的工作。

我们要做什么

为振兴东西文化的所长,促其交流、协同、融合,成为适合于全人类的新型文化而努力

今日的世界,由于西方文化的贡献,促进了物质文明的发达,如交通的便利,建筑的富丽,生活的舒适,这在表面上来看,可以说是历史上最幸福的时代。但是人们为了生存的竞争而忙碌,为了战争的毁灭而惶恐,为了欲海的难填而烦恼,这在精神上来看,也可说是历史上最痛苦的时代。在这物质文明发达和精神生活贫乏的尖锐对比下,人类正面临着一个新的危机。

这种危机正同患了癌症一样,外部显得很健康,而内部却溃烂不堪。今天我们过分迷信科学的万能,以为自己可以超迈古人,而任意推翻传统,杜塞了几千年来,无数圣哲们替我们开发出来的教化源泉。譬如中国,由尧、舜、禹、汤、文、武、周公、孔子等所揭发的诚意、正心、修身、齐家、治国、平天下的思想;印度由七佛、释迦牟尼(Śākyamuni)、龙树(Nāgārjuna)、马鸣(A'svāghosa)、无著(Asanga)、天亲(Vasubandhu)等所开展的救世救人的大乘;西方由苏格拉底(Socrates)、柏拉图(Plato)、亚里士多德(Aristotle)、奥古斯丁(Augustine)、马丁路德(Martin Luther)、康

德（Kant）等所发挥的人文和宗教的求真求善精神。在这三大文化系统内所蕴积的无尽宝藏，我们都没有好好开拓、整理，发挥它们的精华，来充实我们的精神生命。西方文化在科学方面，虽然登陆月球，迈入了太空，而在人文文化方面，却等于留级而退学。都由于东西双方文化，不从根本处针砭，只求表面的妥协，非但不能达成人类世界的永久和平，反而徒增紊乱。

生在"前不见古人，后不见来者"的今天，我们将何以自处？我们虽失望，但不能绝望，因为要靠我们这一代，才能使古人长存，使来者继起。为了想挑起这承先启后的大梁，我们一方面要复兴东西方固有文化的精华，互相截长补短，作为今天的精神食粮；一方面更应谋东西方文化的交流与融会，以期消弭迫在眉睫的人类文化大劫。

当然，这是一个安定人类社会的大事，不是三言两语所能尽意，在这里，我们只是向大家表达这点感受和苦心，希望能引起共鸣，促使天下有心人士，为了这一目标，来共同努力。

东西精华协会中华总会的任务

近一二百年间，人类历史的进展，由于交通工具的发展，在空间领域上，融天下为一家；由于电信知识的传播，在种族观念上，使四海之内皆兄弟。虽然如此，但肝胆楚越，世界各国的战火未已；兄弟阋墙，人类社会的动乱频仍。无论东方或西方，都有数千年文化的蕴积，都极尽宗教、哲学、科学、教育之能事。但仍然不能消弭战火，安定社会，使人类得到梦寐以求的和平与幸福，实为有识人士所扼腕而长叹不已。

回顾人类的历史，因果相仍，循环不已。在中世以前，东西方社会，都能顺时听天，安居乡土。自中世以后，知识随科学的发明而开展，欲望也随海洋的交通而澎湃。工业革命制造了代替人力的机械，也促进了物质的文明。但物欲驱心，军国主义的侵略火把，燃起了漫天的战火。科学与物质文明贡献于人类生活的便利，反成为人类文化的障碍，世界浩劫的助力。直到今天，领空观念，随太空科学而扩张，人类是否能为了对另一世界的征服与追求，而放弃了在地球上的争夺，这当然还有待于天心运会，人事因缘的互变，未便言之过早。

虽然，鉴古可以证今，观今可以知来。欲知明日的天下，先须认清今日之世界。今天人与人间的仇杀，国与国间的争夺，暂且不谈。就拿现代人自诩为经济、政治、教育的高度文化来说，也没有一样不是百孔千疮，问题严重。以雄踞世界首席，自命执西方文明牛耳的美国来论，内不足以安己，外不足以和协万邦，束手彷徨，举棋不定。而以东方古国的中、印来说，又复局促于自然科学的落后和物质文明的穷困，虽有救世的苦心，救时的良药，但巧妇难为无米之炊，奈何心有余而力不足了。

然而长夜漫漫，鸡鸣不已，举世皆醉，岂无独醒之人。今由中、美双方有识人士的倡导，首先在美国创立了国际性的东西精华协会，以不营利，不牵涉任何地区的政治，谋求东西文化的交流为宗旨；发扬东方文化的所长，补救西方科学文明的不足为原则；而达成为人类社会求幸福的极致目的。由于这一意义的重大，世界各地都纷纷设立分会，而我中华总（分）会，正是首先创立的先驱。这也是为了响应中华文化的复兴运动，为救国救世，利己利人的工作而努力。

东西精华协会，首先在中国设立总会，其主要精神有三：

一、唤醒近世东方各国，使他们恢复自信，不再舍弃固有文化的宝藏，而一味盲目地全盘西化。

二、重新振兴中国人文思想的精神，以纠正西方物质文明的偏差。

三、沟通东西文化，以谋人类的和平与幸福。

本会基于这种理想，首先为社会福利及教育两大目标，展开最基本的工作如下：壹、社会福利方面：本着孔子所谓"老者安之，少者怀之"的大同理想，筹建安颐别业。

筹建安颐别业的愿望

中国传统文化，在社会而言，始终讲究"养生送死而无憾"。所以《礼运·大同篇》特别强调："使老有所终，壮有所用，幼有所长，矜、寡、孤、独、废、疾者，皆有所养。"

孔子集上古文化的大成，以孝为一切德行的根本。他的学生曾子，在《大学》上，便以修身、齐家，为内圣外王的枢纽。他的孙子子思，也把明诚之教，归本于孝弟之行。从此拓展出了中国以孝义治天下的特殊文化。

这种文化正像一个十字架，以自己为中心，上孝父母而及于天，下爱子女以垂万世；两旁以兄弟、姊妹、夫妇而及于朋友；这个十字架不是宗教的，而是伦理的，它是中国社会的缩影，是中国文化的象征。

西方文化却不然，虽然他们秉承希腊文化的传统，主张自由，固有其特殊的贡献。但他们完全以个人自由为出发点，对上既不能孝父母，直通天道，两旁又忽视兄弟姊妹的手足之情，而朋友之交更是唯利相接。至于对子女，虽然认为是自己天赋的责任，却尽量逃避。所以西方的文化，正如自毁十字架的精神，实无伦理关系可言。

中国文化自十九世纪以来，受西方文化的冲击，使固有完美的十字架，也被冲得东倒西歪。随着工业社会的发展，小家庭制度的普遍，孝悌之道也就逐渐地被人所淡忘。老年人的孤露飘零，淹留一息于凄凉的晚景，成为时代的必然趋势。

本会有鉴于此，为了发扬中国文化以孝义立国的传统道德，本着"老吾老以及人之老"的"大孝于天下"的精神，而筹建"安颐别业"。

（一）安颐别业的基本原则

（1）不限国籍与种族（但合于本会安颐规章……）。

（2）不拘宗教信仰。

（3）不限男女同居或男女各别分居，乃至不限制老年男女之结婚。

（二）安颐别业之理想

（1）设立各大宗教的教堂与专修之所。

（2）设立适合于老年正当娱乐等场所。

（3）设立适合于老年轻便工业或手工业场所。

（4）设立宝智学术研究所（老乃国之宝，须要薪传他的经验与智慧启迪后人，故设立宝智研究所为传习学问之所）。

（5）设立医院与老人医疗所，及养生、保健等中心。

（6）设立归息乐园。

贰、社会教育方面：本着孔子所谓"志于道，据于德，依于仁，游于艺"的旨趣，筹建青少年辅导院，以辅助政教的不足。

筹建青少年辅导院的主旨

人性是善是恶，这是几千年来，宗教，哲学上争论不决的问题，我们暂且不谈。就以教育的立场来说，人自有生命开始，由婴儿、孩提、幼年、少年，以至于成年，随时随地，都需要教育的培养，所以有胎教、家庭教育、学校教育、社会教育等一系列的教育。

而在这一系列的教育中，每个国家，由于他们历史文化背景的不同，因此在教育思想及方法上，都各有其特殊的精神。

西方的文化，在十八世纪以前，由于宗教教育的时时提醒，尚能非常平稳地发展。可是在工业革命之后，由于科学的创制，带来了高度的物质文明，使人心竞逐于物欲，理性迷醉于现实，固有的宗教、哲学，已收拾不住这一将倒的狂澜。举世疯狂，有谁独醒？十九世纪中叶，曾有丹麦医生克尔凯郭尔（Kierkegaard）研究神学及哲学，认为要从机械文明所造成，举世疯狂的病态中，解救人类，而提倡存在主义的（Existentialism）。本想医世医人，岂料他自己也无法自医，未及中年，便死于忧郁之症。可是这种尚未成熟的存在主义，却因时代之刺激，普遍于欧陆，风行于美国。附会曲解，乃至于饮鸩止渴；如妄用治疗精神病的药品，来麻醉人心；或剽窃中国道教的糟粕，傅会佛家小乘的顽空思想，形成类似印度上古时代的倮形、涂灰等外道来迷惑人心。使无知的青年，以蓬头垢面为适性，以残杀盗淫为自由，而邪风鼓煽，不胫而走传遍全世界。这也足见今日宗教的式微，哲学的没落，和教育的破产。在这时代传染病的侵蚀下，最先遭受毒害的是欠缺抵抗力的青年。而青年的中毒，也等于扼杀了下一代的生机。因此今天我们要解救这一危机，应从青少年的德艺教育，作为励志的辅导，希望能本着"幼吾幼以及人之幼"的古训，使迷惘的这一代不再迷惘，而能走上光明的坦途。

创办国际文哲学院（International College of Cultural Philosophy）之目的

文化学术，关系世界人类的命运，国家社会的兴衰，至深且巨。在历史上，无论东方或西方，任何一个国家社会的演变，以及战争的原因，常被视为是政治、经济的动乱。其实，这个动乱的根本，还是在于文化学术。

自十五世纪以来，欧洲文艺复兴运动，促成了科学的发展，为西方社会带来了物质的文明。接着而有工业革命，使西方的文化、学术、思想迈入了一个新的里程。直到十九世纪，东方国家如中国、日本，开始接触西方文化。由于震惊声光电化之奇，船坚炮利之威，而动摇了对固有文化的信念，于是急起直追，由盲目学习西方的科学，遂有全盘西化的趋势。

正在东方国家犹忙于急起直追的当时，西方社会却因物质文明的发展，孵育成唯物思想的暗流，侵蚀了人心，腐化了社会。就拿代表现代西方文化的美国来说，如宗教信仰的贬值，人文哲学的衰落，教育思想的舍本逐末，与国际领导的举措不定，在在都使得智者虑，仁者忧。至于青年人的不满现实，陷于彷徨和盲动，老年人的无家可归，流于绝望之境，这些都给予科学文明以严重的讽刺。这不仅是西方推崇物质文明的自食苦果，而且也波及了东方各国，使人类数千年来所祈求的世界和平与幸福，濒于幻灭。

照理说，东方国家谈不上物质文明，应该不至于陷入这块泥沼。其实不然，一方面固然由于生存在现实的世界，弱肉强食，没有经济实力的国家，只有任人摆布；一方面也由于贪图物质上的享受，抛弃自家宝藏，迷途忘返，其可哀可虑，更有甚于西方国家。

鉴于此，美国有许多先见之士，都认为今后世界局势，能补救西方文化在科学文明发展上的缺点，并作为西方宗教、哲学振衰起弊之良药的，只有东方文化的复兴。国际性的东西精华协会便应乎这一要求而成立。

东方文化的结晶是儒、道、佛三家的思想。近年来，西方人研究东方思想，常归于禅学；最近，追索东方的科学精神，又趋向于儒、道两家同源的《易经》。事实上，佛家明心见性的智慧，道家有全生保真的修养，与儒家立己立人，敦品励行，以及世界大同的理想，如能与西方文化交流融会，必能补救科学思想的不足，拯救物质文明的所失。因此东西精华协会，特别在中国的台湾设立总（分）会以外，同时筹建国际文哲学院，创办禅学中心 Ch'an（Zen）Center、道学中心 Tao Center、儒学中心 Confucian Center、西洋哲学中心 Western Philosophies Center，及医学中心 Medical Center。并与美国及世界各国的各大学学术研究机构合作，接受各国学生来华留学，研究东方文化；培养师资人才，待有相当成绩，再派遣分赴世界各地，阐扬东方文化，为东西文化交流而努力；并将陆续举办人文科学与自然科学等综合性的研究机构，以开风气之先，作为沟通东西文化交流的总站。

创设禅学进修班之愿望

禅乃佛法之心要，佛教之精华，不仅是中国文化之精粹，亦为东方文化人生修养之中心。

近年以来，禅风广被欧美，被誉为"东来之光明"。但因西方人士并未了解禅宗乃东方文化之精蕴，而至于徒托空言，毫无实义，或专拾牙慧，流于疏狂，甚至与嬉皮为伍，参杂今日西方文化之邪见。

本会有鉴于此，特于国际文哲学院，筹建禅学中心，并先行试办禅学进修班，藉以造就禅学师资，俾能专心力学，真参实证，而探其玄阃。由此而敦正人心，改善人类社会之风规，达成自利利他之目的，尤所厚望焉。

开办西洋哲学进修班的因由

西方文化，向来以哲学（philosophy）思想为主流，其宗教信仰也以哲学为依据，而科学研究更以哲学为其起站。即使宇宙本体之探索，形而上本身之认识，知识来源之确定，人生价值之建立，无一不以哲学为其归趣。

然西方人文文化，即以宗教为泉源，哲学为主流，故无论其为个人之人生，或社会之群治，皆循哲学思想为本位。尤其有关国家世运之兴衰成败，皆以哲学思想为主因。

自文艺复兴运动而至于现代，战争与和平之枢机，无不以哲学思想为其关键。时至今日，西方哲学虽渐呈衰象，而欧洲各国学校，尤其如德、法等国，在中学时代，哲学已列为必修之课程，其重视有如此者。故欲知西方文化，必须对其宗教信仰及哲学思想作深入之研究，方可窥其堂奥而撷其精华。

吾国自十九世纪末期而至今日，虽知哲学思潮之重要，高级学府亦有哲学科系之设立，而并未真知灼见而严加重视。至于目前，徒有其表而乏实义，在一般社会而言，有误认哲学为疯人之学之嫌。在一般学府而言，所有哲学内容，大多成为学院哲学形式。上焉者，停留在研究十八世纪之思潮；下焉者，徒事逻辑思辨之技巧而已。至于今日世界实在缺乏哲学之中心思想，而人文思想之进退失据，乃至唯心、唯物、非心非物，毕竟如何？皆不知所云，茫无准则，处处显见对哲学思想认识之贫乏。由此观之，冀求东西方思想之沟通，完成世界人类和平之福祉，戛戛乎难矣哉！

本会有鉴于此，特创办西方哲学进修班，以期有助于东西方文化之交流，为世界人类和平幸福之思想，作进一步之努力。

开办美术进修班的动机

生活与美术，不可或分。风清月白，云蒸霞蔚，山川展其视野，江海舒其壮阔，此为大自然之美术。楼台栉比，村舍纵横，花鸟虫鱼，点缀风尘，建筑刻画，饰其庭宇，此为人间世之美术。衣裳尽裁剪之能事，视听极怡悦之安排，此为身心享受之美术。育而乐之，一饮一啄之间，授以文教而化之，无一不与美术攸关。西方文化，如古之希腊、罗马，近世之法、意等国，视美术为澡雪精神之阆苑，充沛生命之营卫，良有以也。今者，时易世变，美术之境界，亦随世运而异。云月如故，而意境之今昔各别。抽象与形象交罗，粗犷与文明并杂，是非未定，情智亦随之而杂陈。

唯我中华美术，于世界文化中，早在千余年前，吸收印度文化精神而一变，交融禅与道之意境而别树一帜，经历久远，自成风格。但每有过重神似而失其真情，挥洒自如而失于透视与比例，古不如新，适为识者所讥。然精心杰作，超神入化而美不胜收者，无论从东西各方不同文化之角度而观，咸有猗欤盛哉之感。

然美术境界，毕竟为精神生命之结晶，当此人竞物欲，生活困于现实之时代，凡昔日独乐徜徉于晓风残月之意趣，行将随机械文明湮没于轮旋而无遗。况际此东西之情调异趣，欲求交互融浑之创作，而图复兴一代民族文化之美术精神，进为人类社会建立新型文化美术之贡献，若不众志一心，承先启后，精心悉力以赴，恐将随时代之轮堕，而愧对于后世。本会有鉴于此，特开办美术进修班，期以有助复兴中华文化之愿望，达成生活与美术之福祉，以符育乐之效果。

创办国乐进修班之目的

中国文化，自古以来，首重礼、乐。但自春秋以后，礼失于时宜，乐亡于通俗。仲尼删订，长悬日月之心。秦、汉更张，犹存古制之意。唐、宋、明、清以还，迭遭世变而时有兴衰，虽非传统，允有可观也矣。及至今世，礼、乐文化之衰颓，莫此为甚。今秉

"礼失而求诸野"之义,创建国乐师资之进修,实为响应中华文化复兴运动之用心,以期礼乐教化之兴复,从此有期于成也。

开办语文进修班的希望

文字语言,为表达人类意志与感情之唯一工具,大至万象杂陈,小至无形可觅,无不赖语言文字之功。穷文字技巧之极而入于艺术之境,可通神明之德而类万物之情,透过语意之表而得意忘象,即可不落言诠而超于天地形骸之外。故曰"文以载道","语可通神"。

今日世界,交通发达,沟通各国文字语言不同之民族感情,使其文化交流,不再隔膜,必须先求语文之了解,实为当务之急。然习语文者每皆视其为沟通国际人士交往之工具,偏于技巧而忽于文化精华之交互传播,良有憾也。

本会试办语文班之目的,实欲藉此语文之阶梯,进而祈求东西文化之交流,俾使世界文化各大系,交互融会而成为新时代之新型文化思想,为全人类社会谋得真正和平之福祉,诚所望也。

试办国医进修班的主旨

近世科学促进了机械工业的发达,为人类带来了高度的物质文明,可是维护人类生存安全,与生活幸福的技能与学术,却未能随科学的进步而并驾齐驱。如救世救人的医学发展,远不如科学武器残害人类的快速与急烈。尤其在中国,自本世纪开始,受欧风美雨的袭击,本来造福东方人类社会达三千年之久的中国医学,因国人由心理的自卑而失去其自信,对它产生了怀疑,因此使其内蕴的精华,为西方医学所掩夺,至于一蹶不振。

其实东西方医学,各有长短,只是中国医学缺乏科学精神,和科学方法的整理，抱残守缺，师心自用，以致形成家传祖秘的绝学，而无法宏扬为公开而普遍的济世学术，未能促使随时革新的医学。

在今天，无论哪一种学术知识，都须破除门户之见，而互集众长，才能对人类的幸福有崭新的贡献。就拿中西医学来说，由于文化背景的不同，也各互有短长，如：

（一）中医的理论基础，以中国哲学为出发点，强调精神胜过物质，偏于唯心的路线。

西医的理论基础，以科学实验为出发点，认为物质胜过精神，偏于唯物的路线。

（二）中医注重养生，如饮食的摄生，寒、温、暑、湿的保养。西医注重卫生，如注重环境的卫生，预防传染病的流行。

（三）中医自二千年前，即有生理的解剖，但以活的人物为对象，只是没有如现代具备科学观念与科学工具的辅助，因此不能精益求精。西医虽然重视生理的解剖，但以死的人体或一般生物为对象，而人非一般生物，生机更非死理可比，藉此类推证明，确有不少弊漏。所以西医解剖的结论，还须再求进步，有重新研究，精益求精的必要。

（四）中医特重气脉与气机的原理，以生命的活动功能为重心，一切药物治疗，和养生的观念，都由此而发。例如一砭、二针、三灸、四汤药的步骤，即由此而来，这种特色，西医尚有缺欠之处。西医特重躯体腑脏的组织与保护，所以对血液营养的调整，维他命与荷尔蒙的补充，则有独到的贡献。

（五）中药以取于天然为主，所用药物治疗，直接营养，便以服食生物为主。间接营养，是以摄受植物为主。虽然自有充分的理由，但终嫌过于原始，不合于现代的科学方法。

西药以流注人体以后，与生理的组织调配为主，因此无论直接和间接的治疗，多半注重矿物及生物的化学性药物，但终嫌视人如物,且有许多副作用,反而有碍人体生命的真元。

由以上各点大致看来,中西医学,彼此各有长短,不可偏于本位之见。本会有鉴于此,为了发扬中国医学的优点,融会对于东西方医学的专长,拟先试办国医进修班,希望能由此而促进中、西医学的交流,对于人类生存的幸福有更新的贡献。

(一九七八年十月,台北)

与哈门教授谈全球性前提计划

按：威理斯·哈门先生（Willis W. Harman）是史丹福国际研究所（Sri International）的资深社会科学家，史丹福大学总体工程经济系统系教授，理性科学研究所（Institute Of Noetic Sciences）所长。他更潜心于形而上学，心灵中意识奥秘部分的专研，近来已有所得，曾以《改变人格的关键》（Transforming Affirmation as a Key To Personal Change）一文，寄南怀瑾教授请益，已译成中文，刊于《知见》第十四至十五期。并认为世界人类的和平，须有"全球性前提计划"的正确思想。这便是南教授对哈门教授"全球性前提计划"的回信全文。

哈门教授　席右：久仰

高贤，素所佩钦。前蒙来信征询意见，并赐宏文，尤为感谢，已转译刊载《知见》矣。无奈俗务繁忙，作复迟迟，尚请见谅。

今因李慈雄返校之便，匆匆作答如次：有关全球性前提的计划，立意至善。但须从人类文化前因，如何演变为现在世界现象的后果，寻找出其症结所在，方知究竟。譬如医师用药，必须诊得病源所自，演变如何？才能处方治疗。

（一）人类文化的大系，大概言之，可以东方与西方文化两大系统概括之。

西方文化的有今日欧美文明，其源流系别虽多，在政治、社会方面，要皆以今日美国式的民主、自由，作为文明的荣耀。在现实生活方面,要皆以精密科技与工商业经济为决定性的指标。但皆迷失西方文化,因此而形成今日的世界,物质文明似乎予人类生活带来更多的方便,但在精神心灵上愈来愈呈空虚。换言之:物质文明的发达,给予人类生活上许多方便,精神文明,愈形相对的堕落。

东方文化虽概括有埃及、阿拉伯等系统。但无可讳言,唯有中国文化为东方文化的大系,其影响亚洲之巨,历时三千余年,地区概括东南亚、东北亚、中东一部分。然而以三千年来以农为主而立国的文化,极端重视人道、人文、人生的安康,重视自然而轻视唯物唯利的思想,深根固植已久。但在近今百余年来,一受西方文化的刺激,仓皇失措,无法自守藩篱。于是要改弦更张,即无如欧、美自十七世纪至十九世纪以来产业革命性的基础。终而形成不东不西、不今不古的败坏之局。倘欲维护固有文明,岂能拒西方文化中后期合理的人文思想,与物质享受的尖锐声光。故至进退失据,形成今日祸乱不息的东方,甚之,波及全球的不安。

更有甚者,近代与现代欧、美高明之士,固真有心救世者,并无一人真正透彻了解东方文化。徒持皮毛之见,以讹传讹,以偏概全。因此,西方谋国救世之士,凡所举措,一施之东方,无不错误百出,图好反坏,施福得祸,终为人所诟病怨愤,敢怒而未敢言。

而在东方各国,师承西方文化者,大多亦皆肤浅从事,仅图科技的实用,而不知欧美今日的局面,自正病其如何缺乏精神文明安养的不安。

由此互相矛盾,由东至西,由西至东,如日月经天,虽无差别,但各地区之山川陵谷不同,所感之明暗阴晴,即各有不同的反应。倘使对全球综合性气象的无知,则将何以谋定全球性非污染,否定武力竞争之前途计划!

(二)西方文化感人影响的最深切而彰明者,当为法国大革命的先后时间,由孟德斯鸠、卢梭等先贤之学说,而有现在欧、美民主,自由，社会文明的出现。但在西方精神文化的中心，有同于东方文化的博爱思想者，却由工业革命后各国工商的发展，配合亚当斯密的经济思想而演变为今日各家的经济学说，几乎无一而不从小我立场而图富强康乐，何曾有全盘了解全球性各地区民族文化背景的不同，而建立为全人类总体经济工程的大计。

自十七世纪以后，西方文化思想谋求安定社会与解决人类问题，始终认为唯有从经济问题着手，方得解决政治问题。而经济问题，又与工商发展、物质文明的开发，毕竟不可分离。于是如治丝愈紊，仍然未得要领。

东方文化，自古及今的固有思想，始终认为解决社会与人类问题，必须从贤明的政治措施入手，方得安定社会与求得人类和平。而政治与文化思想，又息息相关而不可分。文化与经济，又彼此相乘而不可偏。于是主观各异，莫衷一是而未得融会贯通。

（三）目前世界局势，大部分的注意在于：Ⅰ.注重经济的复苏。Ⅱ.限制武器与军事的发展。Ⅲ.极力宣传抑制人口膨胀，提倡节制生育。其实，凡此种种的作为，只是显见主谋国际和平者束手无策，更无对全球人类平等博爱的远见，而且仍基于国家或个别民族主义的狭隘私心所出发。即使并无小我私见的预谋，亦只是有限度，短时期有效的消极办法，并非为全球人类谋长程福利的良策。

全球性的总体经济问题，其利与弊，都由科技进展与工商开发问题而来，譬如因地而倒，必然因地而起。当此电脑、核子物理等科技的日新月异，生产工业已迈进于产业再革命时期。工业产品与财富，已非无产阶级与资本家间的人事贫富问题。应当有思想、有理论之指导，使其转向共同为全球人类平等谋福利，使人与人间，再无贫富分配不均，阶级差等斗争问题的存在，只有人能如何利用物理与天然的物质资源，转化为高度灵活的精神文明世界。此当为今日及即将来临的科技，必然可以到达总体经济工程所能领导的趋势。唯须如何建立其经济哲学的新理论、新观念，配合科技发展，作为新时代的指导而已。

人口膨胀问题的顾虑，同此理由，其基本出发点，仍旧在农业经济的粮食、居住等经济分配问题而来。有限节制生育，事实并非坏事。但认为人口膨胀，即为世界祸源之说，未免可笑。况且解决粮食、营养、居住等问题，在即来的科技发展，应可迎刃而解，亦只为总体经济工程计划即须待解的一环，并非绝难以处理的死结。

至于限武与裁军问题，必须从人性哲学上谋求解决，基本在人类群体情欲与理性问题。实难片言可毕其词。人类有两大欲求，无论过去、现在、未来，势所难免，除非有超越物外能力的圣哲。此皆基于人性需要饮食、男女两大原性出发，扩展而成为群体的痴肥症：一即支配财富与资本主义，一即富国强兵与霸权思想。我读大作"Transforming Affirmation as a Key To Personal Change"一文，已知先生自得启示良多。至于深入形而上与形而下关系的探讨，容待他日细论，恕忙不尽所言。现在仅就彼此已知问题，略抒积愫，藉代面谈而已。

（一九八三年四月八日，台北）

《南氏族姓考存》前叙

蠢动含灵,形生有情世界,情之所钟,虽山川木石,盈溢生机,故游子思故乡,循源追祖泽,为人之常情所系,此亦人而有人文文化之所立基,其所谓异于禽兽者,岂非此乎?况生当衰世,运逢浩劫,元遗山所谓:"百年世事兼身事,尊酒何人与细论"。于是,乃前有《南氏族姓考》之作,时在一九七八年也。书成铸版,不胫而走。大韩民国南氏大宗会总裁南蕙佑先生,首寄《南氏追远志》,继寄《南氏大同谱》以赠,读其序,方知同为南字,而族姓血缘有别。三韩南氏,乃唐玄宗时使日大臣金忠,返国途中,遇台风而飘泊新罗,适当安禄山之乱,明皇幸蜀,韩王景德,以其籍汝南,故赐姓南。此为其一支。复有宁波金氏,漂海入其康津县,合姓氏南,此为其一支。如非蕙佑先生《南氏大同谱》之寄赠,则无从稽考其原也。

旋有河北交河南汝鄂过访,方知有山东日照南子田,江苏宿迁南克发等多人,因见《南氏族姓考》而知全国各地羁旅台湾之宗族多人。经诸同宗之不辞劳瘁,不避艰辛,不计毁誉而得各自修其序穆,促开宗亲大会,乃有一九八一年辛酉上元举行南氏宗亲祭祖大典之举。嗣复频繁敦促,拟集修统谱,皆因怀瑾之不敏而迟疑未如所期。寻于一九八一年春,辗转得小舜及南宅前岸族兄常樮之助,遥寄怀瑾之家乘,及历代高祖之遗容与先君遗照,并昔所疑处而亟欲知问者,庆喜得偿宿愿,岂仅如杜工部所谓"家书抵万金"之可喻耶!故于前所作族姓考缺乐清南宅始祖名讳者,今补完备。又于端八、端十两祖之名次有误者，今补更正。至如逊清末造，吕纯阳真人降乩，嘱于殿后岸边，建石照屏以辉映东海，乩笔画狮子追球，并题诗以赠，盖皆有关身世之悬记，窒疑于胸臆者数十年，今并得读其全律及其名联，默觌仙灵，相视一笑，何怪寒山子厌丰干之饶舌哉！

去冬（一九八三年）获知舜铨等之孝思不匮，乃得常槎、麟书等诸君子之助，于杭州临平觅得先君劫后遗骸，于夏历癸亥十二月初十日迎归，安葬故里，稍能弥补骨肉流离之痛于万一。乃起而应宗人汝鄂等之请，即以家乘为主，而订正重印《南氏族姓考存》，以符诸羁旅者之所望，庶可告慰于先灵也。而增华其盛者，有赣南蔡策先生，字翼中，曾为旅外南氏联宗为文。潍县刘大镛先生及济南王凤峤先生分别署其封题。并志为永怀。是为叙。

（一九八四年，台北）

附：

乐清县南宅殿后石照屏乩笔题狮子踏球图

天遣灵狮下，追球过海东。
身翻毛有色，目努力无穷。
声吼千山震，口呼一剑风。
举头惊百兽，善化石屏中。

殿后石照屏乩笔联语

云开日镜球生色　水受风梭剑有声

《复翁吟草选集》前记

丙寅初夏,时当一九八六年五月之际,忽得味师哲嗣朱璋世兄惠寄先师诗卷于美京近畿寓庐,适值由天松阁迁入兰溪行馆,虽转徙事繁,然犹不忘审细恭读师之遗作,顿忆五十余载往事,反观七十年来岁月,依稀昨梦,若存若亡,而小楼侍读情景,历历如在目前,此所谓石火电光、梦幻空花之非实非虚也。

师之遗诗,集曰《复翁吟草》,复翁者,师之别号复戡上字之尊称也。《易》之复辞曰:"无平不陂,无往不复。"余方读竟师集,即思此集油印钞写,久恐散佚,当为铸版以期不隳,并存此师弟因缘,以昭垂来兹。

司马子长曰:"君子疾没世而名不称焉。"读书而能下笔为文,作文而能臻于词章上艺,虽曰雕虫小技,安知雕之难而作之不易,其中艰辛成就,岂只大有可观而已。余尝语人云:文人学者之著作,陈列书架而能历数十百年仍受珍视者,实难多觏,故昔人有言:但得留传不在多者,正为享没世之名而大不易也。

且余幼承庭训,每诫文人学者呕心沥血之作为非易。故数十年来,每得前人孤本,无论其为学术或技艺之撰,必设法使之流传,延续作者慧命而不绝,亦为自得其乐之佳事。昔日有一师友,生前曾以身后遗作谆谆付托,孰知萧然长逝之后,所有翰墨因缘,咸毁于魔障,终至只字难觅而莫可如何!由此益知留传作而能称名于后世者,亦有幸与不幸。

味师幸有哲嗣能彰先人遗志,不远万里海外而寄师作于余,岂能不色然喜而毅然为之重梓而广其流传乎。于是,再寄此集于台北,嘱陈生世志负责印行,盖以美东尚无完备之中文印刷可任其事也。陈生世志,祖籍澎湖,长于高雄,卒业于台湾大学,今承余托而负老古文化出版重责,得余书后,迅即铸版完成,复函恭称为朱太老师之作而如何编排云云,称谓处置无不合礼,求之浇漓季世之士,洵为难能可贵也矣!

至若昧师生平事迹行仪,大要已详于乡前辈黄仲荃先生之序,及同门朱铎民先生之传略,余尝欲补述从师受教诗学之因缘,终为俗事尘扰,未能遂作,深以为憾。仅以私记昔年师示所作《扫墓》一律,悲凉愤慨,感念殊深,虽时逾五十载,犹琅琅背诵,一字未忘,今藉此以补此集之未收者,聊以志师道之不坠。且嘱以朱璋世兄寄示近作附焉,并以报友道之足珍也。是为之记。

(一九八六年仲夏,美京近畿)

重印《复翁诗集》赘言

自初唐进士取才，重视于诗，乃使周孔以还，学养着意于诗礼之旨，成为教化之首，一脉相承，上下竞习，虽无诗人之才，而亦必学习作诗之风，千秋以后，遗绪不坠，此诚中华文化之特色，故亦有称我国为诗人之国者，誉乎，毁乎，诚难言也。

余生当清末民初之世，科举虽废而科学未昌明较著，前朝遗老存者甚多，虽转而执教于新式学堂，而仍秉科举时代习气，涵咏于诗词歌赋，琴棋书画之遗风，炽然如故。风行草偃，虽村竖野牧，工农技艺之暇，当自究攻吟咏者，比比皆是。余所居之乡间，有剃头司务及木刻工艺者能诗，皆所目见亲炙其实者，今虽时隔一甲子，每忆昔日风规，犹为倾倒不已。由此可见，仲尼所谓温柔敦厚，诗之教也，其盛为如何矣！

惟余自溯平生，读书不成，习剑亦不成，学诗更无成，及今而谬随于学者之后，滥竽南郭，固有惭焉。然而能略辨平仄韵味，粗识诗学之藩篱者，允皆良师之德教，迥非吾才吾力之所及也。

然余性喜多门，好学旁骛，数十年间，文武师友，泛泛者数当百计。但于诗学而得启迪其蒙者，首当推重朱师味渊。而余从味师游，仅为一暑假，首尾计时，不及两阅月。而蒙其亲说诗教者，仅为一日。非一长日，实乃师为余亲写竹刻笔筒"波平两岸阔，风正一帆悬"。一联，片刻而已。何以受其滋培影响而如此亲切者，此无他，即古所谓言教不如身教，又有谓一字之师者是也。

时余年十二，方毕业于高等小学，适值海匪洗劫我家，生计顿挫，因之辍学自修。翌年暑假，家严告以味师应王宅姨丈之聘，允任表兄世鹤等暑期家教，可往从之，余闻之雀跃，欣列名儒乡先生之门墙，是为庆幸也。同学七八人，年皆长余而学尤先进，师则每日讲解古文辞有关经史之文一篇，溽暑长夏，小楼一角，轻衫靸履，修髯清癯，把卷吟哦，声达户外。余方初喜读诗，如世俗习诵之《唐诗三百首》，早已耳熟能详，固不知其所谓名诗之好者，妙在何处！惟喜其音韵铿然，足以抒情朗诵，自畅幼怀而已。

一日，偶过师室，翻阅案头有清人吴梅村诗集，检其律诗之什而读之，爱不忍释，师见之，乘兴为余朗吟梅村《琴河感旧》四律，然后掩卷泊然，相与一笑而退。余即取清诗一卷，由梅村而遍读集中诸家之作，情怀磊落，较读唐诗而有胜得，因而心异人言诗须先习盛唐，宗法李杜，方为正规，如清初诸家，不可学也。为此而疑情顿起，横梗胸中二三十年。于是虽劳役四方，从事多途，行李所携，不离诗卷，迨其遍读历代诸名家之作，入乎其内而又出乎其外，会之于心，始得释然。所谓后后者未必不胜于前前也。

厥后每告诸新进后学，欲自探研国故，有一速成而实用之路，即先读近代之作，然后反溯其源而及于上古，诚为径之捷者。例如读史，先研清史再溯明元宋唐而上之，方知后果兴衰之迹，即前因成败之遗，从之鉴古证今，乃识来者之为如何也。

清初盛世百余年间，士怀前明胜国之思，华夏夷狄民族异同之辨，幽愤悱怨，而又不得形于言词。但处康乾承平之际，文治武功，郁郁乎似尤胜于汉唐往事，故情怀荡漾，心波起伏，所谓矛盾颠倒，实为前史所未有者。故发而为诗词文学，寄意遥深，托情典故，殊非唐初盛晚诸世旷达疏通所可及者，宜乎情之切近于衰乱哀思而尤擅其胜场也。

味师生当清室末造，历经民初鼎革而渐形变乱之局，高尚其志而家无余资，隐逸远蹈而世途戈矛，忧时伤世，感慨良深。故其所作，律宗杜法而出入于义山元白之间，且于吴梅村、钱谦益之流韵，不无深切影响。

暑假期满，家馆方散之后，客有过余家者，即示师之近作《扫墓》一律，如："地下或留干净土，人间到处可怜生"，以及"老病日深难拜起，千愁诉尽觉身轻"。又如："人孰恶生祈死乐，天胡醉梦纵澜狂"等句。悲天悯人之思，溢于言表，读之凄然懔惧。盖余常闻人言诗谶之说，今读师作，疑似谶语，故为不安。旋又见师辘轳体五律，有"露白心肝寒日甚，满城风雨近重阳"之句，例之黄仲则"寒甚更无修竹倚，愁多思买白杨栽。全家尽在风声里，九月衣裳未剪裁"，凄婉尤有过之。讵知次年春间，师果登遐委蜕而逝。言为心声，诗从情发，文字之为谶也，虽为偶中而不可尽信，而亦非不可信而有其因者。此亦师之身言之教而影响余一生之巨者。

至若味师名作如《崖山吊古》一律，起句如："赵家三百年天下，卷入洪涛巨浪中。"倘混之杜集，应无逊色，此皆昔诸名贤，多所推许者，又如《讽人反游仙诗》有云："若使刘晨得贤妇，何缘成就入山身。"则隽永有味，典雅温柔，较之袁子才辈之丽句，似又敦厚有加。惟其生不逢时，限于名与位之不高，正如杜牧所谓，"由来才命两相妨"已耳。千古才人，湮没草莱而声名不彰者，何可数计，亦幸与不幸而已，岂胜道哉！

上述余与味师师弟因缘，为时短暂，虽如昙花梦影，而花落韵遗，梦过影留，故余每言诗教，常忆师之音容风仪，犹如目前。今隔数十寒暑，余则风霜凋其短发，劫火燎其余生，行脚四方，不文不武，劳尘一世，非俗非僧，余若能诗善画，综此一生行迹，可为诗情画意者，何止千题。惜乎好学无成，终惭笔墨。

迨一九八五年间，余方飘泊美京，筱戡世兄寄赠味师诗选剩稿，忻喜无已，即转寄台北付印以行。实则，余生平不尽喜诗选之集。盖选者皆凭一己喜爱而集为一册。见仁见智，何好何恶，固难定论。

欧阳修所谓"文章千古无凭据,但愿朱衣暗点头"者,即此意也。然而前人遗作,虽为残篇剩稿,亦足以传,聊胜于无矣。但事后方知,筱戡兄检赠师之全集旧印者仅存一册,因邮误迟到,故与之约必为印兹全集,方了余愿。旋而俗务纷繁,余又自北美往返欧亚之间,尘劳于役,一再延期,积为心垢。今将台北已铸之版,移转香港印出,因诺筱戡兄为作前记,不敢辞以不文,谨述其先后因缘如是,谨以报命耳。此为之记,且为诗志其缘曰:

家馆角楼原小友,七旬以外独言诗。
商量旧学悲前哲,鼓荡新潮看后知。
四海游龙空期许,三生梦影转成痴。
支离事业皈文佛,月在中天一笑迟。

（己巳仲秋公元一九八九年八月记于香江旅次）

《日本感事篇》序

己酉季秋中日文化访问团抵京都之日,即识彼邦学者木下彪先生于旅次。借游八日,蔼然可亲,读其诗益见其忠君爱国之思涌于风月江山之表,屈赋贾文,情当如是。自注感事,见或各殊,然云月等同,邦家异域,盖亦思不出于其位者也。

时在东方文化座谈会席中,曾允携归再版,即显彼邦耆宿,长于汉诗之才,且欲藉兹篇之纪事,使后之来者,览资殷鉴而斋戒自省已耳!

(一九七〇年季秋,台北)

致答日本朋友的一封公开信

十月十一日下午,中日文化访问团在东京参加东方文化座谈会,关于我要讲的"东西文化在时代中的趋向"一事,因为时间有限,为了珍惜中日两国难得的盛会与宝贵的时机,我自动停止讲话,希望两国与会人士,有较多的时间,可以互相商讨重要的议案。当我宣布这个意见以后,大和学园的负责人土屋米吉先生,便提出我讲演稿末后一段引用司马迁所说:"载之空言,不如见之于行事之深切著明也"一句话,要我提出较为具体的意见。而且土屋先生很客气地说:"要讲东方文化,中日两国原为兄弟之邦,中国是老大哥,所以希望贵国以兄长的立场,开诚布公有所指教。"同时他又问我此行对于日本的观感。

土屋先生彬彬有礼的质询,经过我方翻译人员的转述,以及当时观察土屋先生谦和而诚恳的态度,使我不得不作答复。但我有主要的两点声明:(一)因为时间不够,有许多可以贡献给大家的意见,无法详细说明。(二)这是我第一次到日本,先后匆匆七天,都在旅途播迁之中,由京都经伊势而到达那智山,再经过在日本文学上负有盛名的朝熊岳山而到达东京,车尘轮迹,赢得一身疲累,虽有不少的观感,但自认并不成熟,故暂时保留意见。然而散会以后,日方著名汉学家兼汉学诗人木下彪先生,以及我国访问团同行的几位朋友,都一致告诉我说:当时我说的话,翻译人员辞未达意,不能充分通译,而且遗漏了许多要紧的关键,非常遗憾。后来又有日方的几位与会人士通过翻译,要我见之于文字而写出来,作为此次历史性与会的纪念。十二日中午返国以后，事务麇集，实在懒得执笔。但与木下彪先生有诗文之约，而且土屋米吉先生所提的询问，确甚重要，故匆匆写就本文，公开寄与土屋米吉及木下彪两位先生，并献给日本此次参加东方文化座谈会的诸位先生，作为此行备受殷勤招待的答礼。秀才人情，书生拙见，未必可登大雅之堂，但如野人献曝，各抒一得之见，山人野叟之言，聊备一格而已。但是这只是代表我私人的观点，并不代表中日文化访问团，或任何文化团体与我国人的意见，其中或有不妥当的观点，可以付之一笑，希望不要因此而引起争论，如果有此情形发生，须得事先声明，恕我愚拙而又冗忙，不拟再作答复。

现在我要再加申复我当日所说的话而稍加补充：

主席和各位先生：本来为了珍惜会议的时间，我要求不必说话，现在为了土屋先生指定要我答复问题，又只好开口讲话。但是这个问题牵涉很广，如果要将我所知的资料，贡献给贵国及本会议席，在短短的时间中，又势所不能尽毕其说，只好留待将来，有机会时再作补充。现在我要提起诸位注意的：据我所见，贵我两国今天与会中的许多人，可能都犯了一个容易错误的偏见，因为大家对于贵我两国，以及东方各国之间今天的文化思想，与造成社会风气的败坏，国家前途的殷忧，工商业社会导致人心陷溺于现实的趋势，乃至青年心理的彷徨与颓废，教育的失败等等，一律都归罪到西方文化的错误。大家不要忘记，我们今天开会会场的种种设置，便是现代化西方物质文明发展中的产品，甚之，与会人士的衣、食、住与交通工具，等等，大多数仍是西方文化自然科学发达以后，物质文明发展中的结晶。西方文化中的自然科学与物质文明的发达，它给予人类在生活上的利便，生存中的幸福，并无过错，而且只有好处。但是东方各国，在传统保守文化的情感中，认为人生伦理、社会秩序、道德观念、生活方式等一切突变中的乱象，都是受到西方文化影响的关系,所以厌恶甚而鄙弃西方文化;其实,这是东方人,或者说,贵我两国自己被西方文化物质文明的形态冲昏了头,自己放弃、忘却了东方固有文化的传统精神;换言之,也就是自己抛弃中国的传统文化,所以才有今天的窘态。以中国话来讲,我是一个土包子,而且是一个非常顽固的爱好中国文化的分子。因为我从来没有出洋去留过学,所以没有对西方文化偏爱的情感与嫌疑。而且我以山野之身可以公平地说一句,西方文化,自然科学发展成果中的物质文明,并没有带给东方人以太多的祸害。至于我们接受西方文明以后所发生的流弊与偏差,那只怪我们自己抛弃了东方固有文化的宝藏,而自毁其精神堡垒所得的应有惩罚。

其次,所谓西方文化,并不能以今天的美国文化而概括一切西方文化,由希腊时期而到今天的欧、美,它本身也自有三千年的历史。它的人文科学,在精神文化上的成就,由宗教而哲学,由哲学而科学的互相递嬗,也是有它的精神所在。不幸的是,今天欧、美的国家与社会,也正因为自然科学促进物质文明的长足进步,而使人文文化的精神堡垒濒临崩溃,而无所适从。它与我们东方所遭遇的困惑和烦恼,只有病情轻重的不同,而其同病相怜的情况,并无二致。因此,我们要放开胸襟,放大眼光来看,目前我们所面临的局势,是东西方人文文化将要同临崩溃,新的世界人类文化尚茫然无据,危机隐伏的时代。我们不仅是需要为复兴贵我两国的东方固有文化而努力,我们更应该为人类文化开创新的局面,肩负起拯救世界人类危机的责任;要发扬东方人文文化与固有的人生哲学,来补救因自然科学促进物质文明的发展,所造成的工商业社会之弊病。而且我还要郑重地希望贵我两国与会的高明人士,必须认清一个重要的关键,对于过去历史文化上的光荣,不能留恋,过去的历史,是无法挽回的,留恋往事,只是文学的情绪。至于时代的演进,是无法倒流的,悲伤时事,那是无补时艰的诗人情感。历史的排版,各有千秋的一页，时代的演进，是当前的大势所趋，我们要放开胸襟与眼光，如何振兴东方文化，来补救西方文化在世界时势中的不足，这才是我们的责任，也是对贵我两国前途有利的大目标。中国文化，素来秉承儒家的"民吾胞也，物吾与也"的精神，与佛家"众生平等"，"心、物、众生，三无差别"的明训，所以对于东方人或西方人，都认为"人同此心，心同此理"。我个人以山野之身，积十多年从事教育，以及教导西方各国友人学习中国文化的经验来说，深切体会到"诚以待人，无物不格"的古训。许多朋友认为我有许多外国学生，应该会有很多的收入，事实上，我为弘扬中国文化，为沟通东西文化而努力的工作，是做的蚀本生意。当西方学者要向我学习的时候，每每问到我要多少钟点费的问题，这时我便告诉他们，我只要求依礼来学，并不讲求代价。西方人从商业的观念，重视学问的代价与价值，所以把学问与知识，也变成商品，东方人素来认为道是天下之公道，只要执礼而来，中国文化便以学问知识作为应该交出的布施，并无代价，更不要求还报。因此，从我学习或交游的西方人，大多数都与我变成家人父兄的感情，渐渐进入东方文化的人生境界。他们有别我而去的，仍然保持充沛的感情，一如东方人的"礼尚往来"。例如一个美国学生，为了看到我吸烟太多而流泪，因为他怕吸烟而妨碍到我的健康。一个德国学生，临去时向我跪拜辞行，起来时泪眼婆娑，舍不得离去。最近一位美国的女学生对我说："当我付出代价去学习时，与在老师家里学习的心情完全不同，因为用代价换来的知识，那只有商业行为的感觉，并无感谢的心情。"又当美国前任总统肯尼迪遇刺的时候，以及美国对亚洲政策种种矛盾措施的过程中，我与另一位美籍有识之士，也是美国退休的将军，谈论到东西方文化与东西方观念的差别，我问过他对现在局势的感想，他告诉我说："我觉得美国的历史，倒退了一个世纪。"他也为美国的前途，以及东西方文化思想的矛盾，与人类文化前途而担忧,才发出这种内涵无限感喟的叹息。我现在提出这些极其微末的资料,只是为了提供我们今天要复兴东方文化的精神之工作,应当如何做法的一个参考。我们需要放开胸襟,放大眼光,了解今天的局面,不只是为复兴东方文化而工作,实在要为拯救世界人类在文化思想上的危机而努力。至于有许多重要而比较复杂的资料与意见,实在限于时间,一时讲不清楚,希望大家原谅。

以上是我当时在东京参加东方文化座谈会临时答复土屋米吉先生的一番话。现在追忆补述出来,只是为了日本朋友的要求,并弥补当时翻译人员未能把握重点的遗憾。

回国以后,国内一些朋友与美国留华的少数友人,关心此行与会的情形,及留心东方问题与日本问题的人,也如土屋米吉先生一样,要我说出此行对于日本的观点与感想,使我觉得有一言难尽,碍难答复之处。

为了提供给会后中日两国将来筹备东方文化复兴策进协会的参考,姑且综合我的一些观点,公开答复。但是,这仍然只属于我的一隅之见,未必甚然。老子说的"正言若反",或者具有"他山之石,可以攻错"的作用,那都不是我预料所及了。

关于日本经济发展中工商业社会的观点:我们一行二十多人,抵达京都那一天的下午,便游览了旧的内廷与二条城(德川幕府时代的大本营)的外景。一路行来,朋友们的赞扬或批评,加深了我对历史哲学的感喟与惆怅。

第二天乘长途游览车直达那智山,虽然受到长日车途劳顿之苦,但很高兴能够走马观花地看到由明治维新而第二次世界大战结束之后日本的农村,新近进入工商业发达和都市繁荣的日本现代化经济的外貌。既使人低徊联想固有东方农业社会的诗情画意,追忆安静宁谧的旧历史时代;同时又使人想到两三年前日本农村妇女的大游行,要求壮丁回到农村去的情景。从表面看来,第二次大战以后,日本的乡村建设，与农业社会，极其快速地进入东方式现代化的阶段，非常值得钦佩与欣赏。但头脑过于哲学化的我，很快地就会感触到十九世纪以来西方各种经济思想与工商业社会的发达，带给东方经济思想的影响而忧虑。经过四天的旅行，由丰桥乘高速夜车到了世界闻名的名都东京以后，看见最新型而合于国际水准的种种建筑与都市建设，有人问我作何感想？我只反问一句：这些都是第二次世界大战以后二十多年来的成果吧？他说是的。我说：那么，我想休息，不想再看了。当然，不但问话的人，不会太满意我的答复。同车的日本朋友们，恐怕也不会了解我这句话的机锋。

总而言之，战后的日本，在精疲力竭之余，举国上下，经过二十多年的刻苦砥砺，一致努力于工商业的发展，能有今天的成果，的确值得兴奋与自豪，但是这种自豪与兴奋，并非日本之福，也不是东方文化应有的精神，一个国家与社会，如果忘记历史过去的教训，缺乏未来远大的眼光，困惑于现实而自豪，那是非常可虑的趋势。现在就我所感觉到的粗浅观念，提供日本过去与未来经济发展的参考：

（一）我所谓过去的日本，仅是指战后二十多年前的时期。在第二次世界大战结束以后，日本始终很幸运地在复兴。因为它碰到我国政府当时秉中国历史文化"兴灭国，继绝世"的精神，毅然决定"以德报怨"的政策，主张保存日本人传统历史文化的精神堡垒，而不废除天皇存在的制度，不要求赔偿，更没有分裂其土地与内政上的治权，因此战后的日本，才在非常幸运中重整国家，发展工商业，而有今天在经济上的成就。我在那智山与东方文化座谈会上，曾经亲自两次听到日本人大久保传藏先生对于此事的重复讲话，慷慨激昂地表示衷诚的感谢，并要求大家不要忘记历史的这一页。然而言者谆谆，听者藐藐，而且据我观察，除了中年以上少数高级知识分子，感觉到心情的沉重以外，一般社会与工商界的资本家们，尤其是后起之秀的日本人，早已对历史淡忘而漠不关心，甚之，还很可能对于大久保先生的论调，会嗤之以鼻。我说这些话，既不是要日本人感恩图报，也不是别有用心，因为中国文化，素来有"施恩不望报，受惠不能忘"的明训。我只是说明现代经济成长中日本幸运的前因，由此而说明以下第二点日本未来经济思想的可虑之处。同时也就是解释前因我之所以答不想看东京都市繁荣新建设的道理。因为在现代的经济思想与物质文明的时代中，一个国家如果没有战争，没有内忧外患，举国上下，能够同心协力，从事经济的发展与建设，那是任何国家都做得到的事情，既不足为奇，更不必叹为观止。

（二）未来的日本经济趋势，据我的观察，那是一个非常严重的问题。我们必须知道，世界上有两种工具，对人类的生存具有正反两面的作用：一是武力与武器，一是金钱与财富。防护国家的安全，必须有精良的战备；稳固国家的基础，必须有充沛的财政与健全的经济。然而战备强的国家，如果没有高度文化的政治哲学，往往会使得一个国家民族，生起唯我独尊的侵略野心。同样地，一个经济发展到实力充沛的国家，如果没有远大的经济哲学的思想，往往会踌躇满志，挟富而骄，而欺凌弱小。而且人类有天性的弱点，当他在强有力的时候，必定想要耀武扬威，控驭一切。如果在富有的阶段，必定会恃富而骄，凭陵孤寡。何况东方民族中的日本，素来具有奋发雄飞，不甘寂寞的个性。它在今天的世界局势中，工商业的发达，已渐渐可以媲美国际水准，跃登世界第二位的宝座，经济的成长，也是力可左右落后地区，而扬威于先进地区。那么，日本现在的资本家与政治界的高级知识分子，如果缺乏在现代经济学上远大的思想，一有偏差的观念，恐将为他自己的国家与东方各国，带来新的危机。但我并没有充分了解现代的日本资本家以及他们的经济思想，只是凭泛泛观察所有的一得之见，先有杞人忧天的顾虑而已。虽然我对于近代与现代，西方或东方的经济思想，没有很深切的研究，但从哲学的观点来看，任何一种来自西方文化的经济思想，严格地说来，都只适用于某一个国家或某一类型的社会，并没有一种为谋求增进全世界人类的福祉，能够平等而统一的适应各地区的经济思想。假定是有，也会因某一种政治思想与政治方略而变质，更何况并未得见，就以今天雄长世界的美国而论，又何尝例外。因此，我希望今后的日本，要放开胸襟，放大眼光，要在东方文化思想，济弱扶贫，与大同思想的观念中，产生一种新的经济思想，用来指导工商业的发展，为全世界人类谋福祉，开创未来新的局面，这是一番千秋大业，今后的日本正好赶上时代，大有可为。否则会走上想以现有经济上的成就，而变相地雄长亚洲，那就于人于己，都是大有可虑的新生之忧了。

关于文化思想的观点。我们此行的任务，主要是参与日本所举办的东方文化座谈会，以及参加日本全国师友大会二十周年的盛典。除了这两次的重要会议，冠盖云集，胜友如云以外，并无个人的接触，也没有与后起之秀的日本学人们交往。在全国师友大会席上，我们看到了日本剑道与吟诗（读汉诗）等东方固有文化的节目以外，同时也看到名闻国际的作曲家须摩洋朔，亲自指挥演奏的节目。听了安冈正笃先生与有关人士们为日本文化及东方文化前途而担忧的讲演，同时也听到木下彪先生对日本文化与国家社会风气的隐忧与沉痛地说辞。我们看到京都宫殿上所绘中国十八名臣的壁画，也看过东京皇宫的气象。然而过去所知行到皇宫前面必须顶礼膜拜，或脱帽鞠躬的现象，已经成为无可追寻的往迹。我只看到日本青年男女的嬉皮，携手蹀躞在宫墙外的苍松绿草间，一派罗曼蒂克的画面，与一大群嬉皮在车站横七竖八的情景。我看到穿着和服男女们的彬彬有礼，也看到夜总会前面红男绿女们东西合璧的新面目与新潮派的作风。当然，我也看到在公共汽车上，女人抱着孩子，拿着东西，站在车厢里被挤，青年男女们公然堂皇就坐，而不让位的东方式大丈夫的作风。同时也看到关闭了的大学门前的布告与封条。凡此种种，与我在国内所见所闻，大同小异，只是触目惊心，更加感觉到这是东西方文化，在现代工商业发展，物质文明膨胀浪潮中的大流弊。欧、美的国家，已经开始自食恶果地图谋对策。它的传染影响，不幸地，竟会这样快速地到达日本社会，纵然有老年人的坐以论道，企图力挽颓风的感喟，恐怕将随暮年而消逝，而无补于新文化思想的一片漠然与空白。阳明之学，创造了明治维新一代的日本，但阳明之学也带给日本在事功上的苦果，这是学术思想上一个非常深奥的大问题，姑且置而不论。关于青年的嬉皮与学生闹事问题，带给教育界与学术界的苦恼，其中实有两种本质不同的问题存在，日本真具有领导权威者，应该加以注意。由美国存在主义演变中造成的嬉皮，在素质来讲，大多是中人之产以上的子弟，而且都是受过较高等教育的青年，因为不满世界的情势，而反对前辈在学术思想与政治思想上领导的偏差所引起。这是他们在教育上，习惯于注重批判，寻求自我一代的新生观念，结果又茫然无据而不知其所归向的必然现象。但是东方式与日本的嬉皮，却是西子捧心，东施效颦在胡闹而已。这是过分曲解自由与民主，对优良传统的风气，矫枉过正的病态。总之，我拉杂列陈匆匆七八天内，在日本所见所闻的这些事实与现象，相信每一问题，都具有专题论述的价值，当然无法一一详说。一言以蔽之，日本在文化思想上的危机，的确是一件更为值得担忧的问题。他们举办东方文化的座谈，以及中日两国，此次在会议中，双方共同要举办东方文化复兴运动的提案，实在是一件任重而道远的工作，我希望大家能够做好，但又怕不容易真做得好。现在为了答复土屋米吉先生的询问，我只提供有关日本文化思想方面的两个观念：

一、所谓复兴东方文化的内涵。如果放开胸襟，开诚布公来讲，实际上便是复兴中国文化。当时所以造成明治维新的壮盛局面，无非是真能做到汉学为经，西学为纬所得的成果。除了汉学——中国文化以外，如果东方文化还有别种精华，那就非我所知了。过去一个世纪，日本在东方文化的地位，据我所知，它一直为中国接受西方文化的先河，一向成为东西文化的转运站，犹如今天日本在工商业上的成就一样，创造的不太多，吸收融会而改良的倒不少。东方人自有东方文化的历史背景与价值，正如西方人自有西方历史背景与价值相似，如要两者融会交流而创建新文化时代，为时尚早，起码还须要有半个世纪到一个世纪的努力。所以我们为了挽救东方在现实存在世界上的危机，必须要共同整理，重新振兴东方文化，为了日本所谓的汉学的精神作新注，我的大体观点，已经见之于十一月十一日的演讲词与前面一段话中，不必再说。

二、值得注意日本文化学术界的优良作风。由于我此行两次参加日本有关文化学术界的会议，看到日本经济界的资本家们，能够与文化学术界密切合作，相互提携，这是值得钦佩的优良风气，也是日本学习到西方文化较好的一面。一个真正现代化讲自由经济与民主政治的国家，从事工商业的资本家们，他们和文化学术与政治，往往是不可或分的。除非教育水准不够的社会，学问知识的低落，不能洗涤个人满身金钱的俗气，以及长年沉醉在书卷中充满酸气的人们，不能了解时与势变的经世之道，于是便彼此扞格不入，分道扬镳，各行其是，小至对于个人，大至对于社会国家，都无真正的利益而反受其害。因此，此行参观后，对日本工商界的资本家与文化学术界合作的精神，是深为赞佩。至于今后努力的方向应当如何？那就要看东方文化复兴后的作为了。说句老实话，依我的浅见，日本在经济上的成就，尽管已使工商业跃登世界第二位的宝座，但是在学术思想上，还是非常贫乏的。工商业发达的社会，往往会造成文化思想上的空虚。因此欧洲人往往有个共同看法，那就是"日本只是专讲商业利益的国家",对于这点,我希望日本当今踌躇满志之际能略加注意(因为此时希望日本察纳雅言,未免太难了)。

最后我要反复地声明,以上所述来去匆匆七八天中对于日本的观感,说句老实话,有许多地方,我们是有同病相怜的沉痛,这也正是今日世界东西方文化在激流交汇中所有矛盾的病态,尤其在东方各国为更甚。所以重整东方文化,融会东西古今中外的工作,真是刻不容缓的事。"国家兴亡,匹夫有责。"我想,中日两国的学人,今后面临的重任,当然有不胜重压之感。

　　　　　　(一九六九年十一月三十日,台北,《中央日报》副刊)

跋萧著《世界伟人成功秘诀之分析》

自我英雄意识,与崇拜英雄观念,无论古今中外,在人类心理中都是普遍存在之共通现象。由此以观,推而广之,即如动物界中,凌弱畏强,亦等同存有人类崇拜英雄意识,此乃自然现象,原无足怪。唯人类秉有性灵知识,异于动物禽兽之本能,因而产生后天教育与人格道德等理性观念;复进而修整美化人生之规格,范围类别,因人而定智贤愚不肖之谓,而且美其特出之士,曰圣贤、曰豪杰,以示尊崇德业事功成就之不同。诚可谓饰智文行,极尽智巧思辨之能事。究其实,无非为人类普遍潜在之心理意识作祟,仍乃自我英雄意识,与崇拜英雄观念之演变。"仁者见之谓之仁,智者见之谓之智。"乃各自适其理解之异同,各是其是而非其所非而已。

人们对英雄意识崇拜之心理,既如上述,以此研读历史,举古今中外历史人事之累积,勉强而说某时、某地、某人,为自由民主之思想,此并非落伍之崇拜英雄主义;要皆为文人学士,所谓知识分子等辈之舞文弄墨,强调薄视英雄思想为标榜,毕竟难以视为笃论。然则,所谓自由民主等美号,亦仅为人类生存界中,某时某地一种人群生活之方式,并非绝对之真理。盖真理之所以为真,尽举古今中外所有宗教哲学之思想言论,至今犹无定论。至真非理,至理无真。遇英雄之运用,即成其为英雄方式,遇圣贤之作为,即成其为圣贤之事业。所以时代无论新旧,范围无论大小,求其建功立业而卓然有所立于天地之间者,同为英雄心理,固为千古一辙也。

自十九世纪末至二十世纪之间,西风东渐,所谓新潮流之思想理论，蔚然成风，于是指英雄之称谓而讳其为旧意识，而代以伟人之称谓，作为新名辞。旧瓶新酒，汤换药存，举世滔滔，多半在狙公之幻示下而高谈其暮四朝三之称谓，群诩谓伟人事业而非英雄思想，用相吹嘘。此一观念，即随自由民主之思潮而并进，于是几变传统儒家思想之人人可为圣贤一辞，将其易为人人可为伟人之意识。进而求其人之所以成其为伟者，不从德业事功之自立，唯事权巧方法之造作。故国人迻译西洋驭人秘诀等书，应运而出。以待人接物，而曰驭，曰牧；以处世治事，而曰管理，曰控制。不从温良恭俭让以得之，不从宽厚性情而处之，终至于人自疑猜，祸变不测者，此岂非事有必至，理有固然。

　　余友萧天石先生，英姿挺拔，才气纵横，早于二十余岁，即有鉴于此，乃著《世界伟人成功秘诀之分析》一书，以为讽世而寓雅海。自此书问世以后，举国上下，竞读而研习之者，遍于朝野，而著者亦因是书之作，名满宇内。旋因东来海隅，复秉其二三十年之经验阅历，再加修整再版二十次之原书，完成此一巨作，即可想见其内容之丰富与体验之确切矣！所论进德修业之言，虽主儒家思想，亦多有出入于佛老之间，确为别有会心之处，其言人生修养与乎世道士风之高见，亦确为当代言青年修养诸书之冠。至于博论宏辞，尤多发见，不待再为宣论其价值。唯于感跋之余，谨补伟人成功秘诀之向上一语曰：苟欲为世界上真正之伟人，唯一秘诀，只是平实而已。此可谓成功之向上语，末后句，极高明而道中庸，非常者，即为平常之极至耳。以此质之高明，信必首肯。是为跋。

（一九五四年，台北）

景印《地理天机会元》序

<small>其他</small>

堪舆之学，远绍于春秋，高推至上古，其原盖出于阴阳家言，后与杂家相混，故为缙绅先生所诟病。汉初司马迁著《史记·日者列传》，有堪舆家之称，《淮南子·天文训》谓"堪舆徐行，雄以音知雌"。许慎注曰："堪天道，舆地道。"而孟康则释"堪舆"为神名，与许说异焉。朱骏声又谓"堪为高处，舆为下处，天高地下之意也"。《汉书·艺文志》列有《堪舆金匮》十四卷，今称相地者曰"堪舆"，而汉以前书已佚，今未之见也。

世传晋人郭璞著《葬经》，凡言堪舆学者，靡不祖述，其书之真伪莫辨，但大有异于后世之著述。盖《葬经》以山川形势，论断于阴阳，五行胜克之理，古朴可玩。中唐以后，其学益形驳杂，祖述宗派，各有所长，而形胜之说，尤重于冈峦之体势，是此非彼，习者难宗。迨乎两宋，理学大儒辈出，标仁术而重孝道，卜葬之说愈加兴盛。范仲淹、朱熹诸贤，靡不输诚其学，而邃于其述。古之养生送死而无憾者，至此已极其能事矣。如墨子复生，或王充再世，必更有甚其讽讥矣。

元、明以后，邵雍"卦气运会"之说大盛，凡涉阴阳术数之学，概如百岳朝宗，趋为至鹄。于是堪舆之说，亦以邵学为准，注重天心合运，竞为理气为归，效地法天之旨，证今引古，言之凿凿。故明、清以后，无论江右大家，浙、赣学派，皆采峦头理气之说，互争短长，综其所学，或宗"三元"以悬空打卦之理气为主，或主"三合"以天心正运之形胜为依。辨方择时，则有紫白之术，选吉择日，则有奇门遁甲之流，动辄有忌，讳莫如深。然《四库》编集，独推"三合"而鄙弃"三元"，谓无所据，实则"三元"之秘，隽非清儒所知，故蓬心自用，但崇师说而已。综此以观，堪舆演变之史迹，约概如斯。

时至今日，科学之说繁兴，言地者即有地理、地质、地球物理种种之学，言天者，复有天文、气象、历法、星象、太空等等之盛。历古相传堪舆地理之说，生死人而肉白骨者，将皆嗤之以鼻，视之为妖，然佞于其道者，举世毁之而不加阻，犹笃信如神。无论穷乡僻壤之愚夫愚妇，或市朝冠盖之缙绅先生，面避迷信之迹，隐崇阴阳之宅，比比皆是。贵之如此，鄙之如彼，其为此道之学术者，固为是耶？非耶？诚为难决也。

余于传统国故之学，东方神秘之术，秉好奇求知之性，靡不探索玩习，初犹疑信参半，慎思难辨，及乎年事日长，涉猎既多，憬然而悟。所谓"堪舆"者，实为吾国上古质朴之科学研究，托迹于生死孝道之际，穷究其地质之妙，与道家《五岳真形图》之旨，皆为别具肺肠，揭示地球物理之心得也。其学是否足为定论，邃难下一断语，然两千余年，囿之于埋葬之说，加之于妖妄之言，诚为大过矣。若今之学者，能先尽自然科学之基础，融通人天哲学之理念，掘发古学之长，阐扬今学之妙，则堪舆之为说，亦大有可观也矣。惜余识陋智浅，事忙意乱，未能遂其所欲，深入而浅出，变古而之今，诚为一大憾事。

宋今人君，从事出版，历有年矣。前过吾寓，睹此《地理天机会元》一书，请予景印。余谓之曰：此必俟吾师黄陂胡玉书夫子一言为序，方可阐其内蕴。宋君恳之再三，余为请之胡师，时师已行年八十有三，倦于讲习，乃嘱余为之言。吾闻之先辈言风水者，有曰：一德、二命、三风水、四积阴功、五读书。由此可知，迷信堪舆阴阳之说，足以转变人生命运者，可以瞿然醒悟矣。若取《史记·日者列传》与《龟策列传》，详细绎读，则知古今迷信其术，徒为笑谈者多矣。倘由此而开发新知，据以穷天人物理之妙，则温故知新，当无憾于斯学也，是为序。

（一九六九年季冬，台北）

南怀瑾先生著述目录

1. 禅海蠡测 （一九五五）
2. 楞严大义今释 （一九六〇）
3. 楞伽大义今释 （一九六五）
4. 禅与道概论 （一九六八）
5. 维摩精舍丛书 （一九七〇）
6. 静坐修道与长生不老 （一九七三）
7. 禅话 （一九七三）
8. 习禅录影 （一九七六）
9. 论语别裁（上） （一九七六）
10. 论语别裁（下） （一九七六）
11. 新旧的一代 （一九七七）
12. 定慧初修 （一九八三）
13. 金粟轩诗词楹联诗话合编 （一九八四）
14. 孟子旁通 （一九八四）
15. 历史的经验 （一九八五）
16. 道家密宗与东方神秘学 （一九八五）
17. 习禅散记 （一九八六）
18. 中国文化泛言（原名"序集"） （一九八六）
19. 一个学佛者的基本信念 （一九八六）
20. 禅观正脉研究 （一九八六）
21. 老子他说 （一九八七）

22. 易经杂说　（一九八七）

23. 中国佛教发展史略述　（一九八七）

24. 中国道教发展史略述　（一九八七）

25. 金粟轩纪年诗初集　（一九八七）

26. 如何修证佛法　（一九八九）

27. 易经系传别讲（上传）　（一九九一）

28. 易经系传别讲（下传）　（一九九一）

29. 圆觉经略说　（一九九二）

30. 金刚经说什么　（一九九二）

31. 药师经的济世观　（一九九五）

32. 原本大学微言（上）　（一九九八）

33. 原本大学微言（下）　（一九九八）

34. 现代学佛者修证对话（上）　（二〇〇三）

35. 现代学佛者修证对话（下）　（二〇〇四）

36. 花雨满天　维摩说法（上下册）　（二〇〇五）

37. 庄子諵譁（上下册）　（二〇〇六）

38. 南怀瑾与彼得·圣吉　（二〇〇六）

39. 南怀瑾讲演录二〇〇四—二〇〇六　（二〇〇七）

40. 与国际跨领域领导人谈话　（二〇〇七）

41. 人生的起点和终站　（二〇〇七）

42. 答问青壮年参禅者　（二〇〇七）

43. 小言黄帝内经与生命科学　（二〇〇八）

44. 禅与生命的认知初讲　（二〇〇八）

45. 漫谈中国文化　（二〇〇八）

46. 我说参同契（上册）　（二〇〇九）

47. 我说参同契（中册）　（二〇〇九）

48. 我说参同契（下册）　（二〇〇九）

49. 老子他说续集　　（二〇〇九）

50. 列子臆说（上册）　　（二〇一〇）

51. 列子臆说（中册）　　（二〇一〇）

52. 列子臆说（下册）　　（二〇一〇）

53. 孟子与公孙丑　　（二〇一一）

54. 瑜伽师地论　声闻地讲录（上册）　　（二〇一二）

55. 瑜伽师地论　声闻地讲录（下册）　　（二〇一二）

56. 廿一世纪初的前言后语（上册）　　（二〇一二）

57. 廿一世纪初的前言后语（下册）　　（二〇一二）

58. 孟子与离娄　　（二〇一二）

59. 孟子与万章　　（二〇一二）

60. 宗镜录略讲（卷一至五）　　（二〇一三至二〇一五）

61. 南怀瑾禅学讲座（上）　　（二〇一七）

62. 南怀瑾禅学讲座（下）　　（二〇一七）

图书在版编目(CIP)数据

中国文化泛言/南怀瑾著述. —上海：复旦大学出版社,2018.9
ISBN 978-7-309-13828-3

Ⅰ.①中… Ⅱ.①南… Ⅲ.①中华文化-文集 Ⅳ.①G12-53

中国版本图书馆 CIP 数据核字(2018)第 180076 号

中国文化泛言
南怀瑾　著述
责任编辑/邵　丹

复旦大学出版社有限公司出版发行
上海市国权路 579 号　邮编：200433
网址：fupnet@fudanpress.com　http://www.fudanpress.com
门市零售：86-21-65642857　团体订购：86-21-65118853
外埠邮购：86-21-65109143　出版部电话：86-21-65642845
上海盛通时代印刷有限公司

开本 787×960　1/16　印张 18　字数 214 千
2018 年 9 月第 1 版第 1 次印刷
印数 1—4 100

ISBN 978-7-309-13828-3/G・1872
定价：40.00 元

如有印装质量问题，请向复旦大学出版社有限公司出版部调换。
版权所有　侵权必究